LIBRI I RECETAVE TË SHOMJEVE TROPIKE FIJI

Përqafoni shkrirjen unike të shijeve që përcaktojnë gatimin fijian

Besjana Shkëmbi

E drejta e autorit Materiali ©2023

Të gjitha Të drejtat Rezervuar .

nr pjesë e kjo libër Mund të jetë të përdorura ose të transmetuara në ndonjë formë ose nga ndonjë do të thotë pa të e duhura shkruar pëlqimin e të botues dhe e drejta e autorit pronar përveç për i shkurtër citate të përdorura në a rishikim. Kjo libër duhet jo të jetë konsiderohen a zëvendësues për bar, ligjërisht, ose tjera profesionale këshilla.

TABELA E PËRMBAJTJES

TABELA E PËRMBAJTJES..................3
PREZANTIMI..................7
MËNGJESI..................8
1. Buzë kokosi fixhiane..................9
2. Bukë e kokosit Fijian..................12
3. Tortë me mjaltë fixhiane..................14
4. Tortë me puding fixhiane..................17
5. Lovo..................20
6. Paraoa Parai (Bukë e skuqur pa gluten)..................22
7. Pancakes me banane fixhiane..................24
8. Dolli franceze e stilit fixhian..................26
9. Krepat me miell qiqrash..................28
10. Kremi i krepave të grurit..................31
MEZHET..................34
11. Ceviche e kokosit fixhian..................35
12. Taro Fijian dhe dumplings kokosi..................38
13. Patate të skuqura kasava Fixhiane..................40
14. Samosa me pula fixhiane..................42
15. Puffs Curry Peshku Fijian..................44
16. Karkalecat e kokosit Fijian..................46
17. Arra të pjekura me erëza Fixhiane..................48
KURS KRYESOR..................50
18. Oriz i skuqur në Fixhi..................51
19. Fijian Chicken Cop Suey..................53
20. Mahi Mahi Fijian i pjekur në skarë..................56
21. e pjekur në skarë në furrë nëntokësore..................59
22. Oktapodi Fijian i zier me krem kokosi..................61
23. Peshku i kokosit Fijian me spinaq dhe oriz..................64
KARRI DHE SUPA..................67
24. Pulë fixhiane, domate dhe kerri me patate..................68
25. Gaforrja Fixhiane..................71
26. Karkaleca me karkaleca fixhiane..................74

27. Kasava e kokosit 77
28. Karri i rosës fixhiane 80
29. Fijian Fish Curry 83
30. Curry dhie fixhiane 86
31. Supë Fijian Taro dhe Spinaq 89
32. Merak me qengj fixhian 91
33. Fijian Kungull Kale Curry 94
34. Spinaq Fijian Thjerrëza Curry 96
35. Fixhiane Chipotle Curry 98
36. Curry Mustardë Fasule Fixhiane 100
37. Fasule e Bardhë Fixhiane dhe kerri orizi 102
38. Kuinoa e Kuqe Fixhiane me patate 104
39. Fijian Curried 107
40. Kari me bizele fixhiane me sy të zinj 110
41. Kari me qiqra fixhiane 112
42. Thjerrëzat e përziera të kokosit Fijian 115
43. Kerri supë me domate dhe panxhar fixhiane 118
44. Fixhiane me kungull dhe kokos 120
45. Supë me lulelakër me shafran të Indisë Fixhiane 122
46. Zierje me mish qengj Fixhian 125
47. Supë me thjerrëza të kuqe Fijian 128
48. Curry pule me gjalpë Fijian 131
49. djegës pule të grirë Fijian 134
50. me pule dhe spinaq Fijian 137
51. Fijian Curried 140
52. Fijian L amb vindaloo Fusion 143
53. Kari i viçit të kokosit fijian 146
ANËT DHE SALATAT 148
54. Roti (Bukë e sheshtë Fixhiane) 149
55. Kokos dhe Cassava Fijian i zier me avull 151
56. Gjethet e taros të ziera Fijian dhe krem kokosi 153
57. Rrushi i detit Fijian 155
58. Patëllxhan i pjekur Fijian me barishte 157
59. Sallatë me peshk të papërpunuar Fixhian (Kokoda) 159
60. Roti i kokosit fixhian 162

61. Sallatë me papaja jeshile fixhiane..................................165
62. Sallatë fijiane me ananas dhe kastravec.......................167
63. Taro me krem Fijian (Taro në krem kokosi)...............169
KODIMENTET...171
64. Tamarind Chutney pikante Fixhiane.............................172
65. Pastë me xhenxhefil-hudhër...174
66. Salcë me spec djegës Fijian (Buka, Buka)...................176
67. Dip Tamarind Fijian..178
68. Sambal i kokosit fixhian..180
69. Salcë gjethesh taro fixhiane (Rourou Vakasoso).........182
70. Mango turshi Fixhiane (Toroi).....................................184
71. Chutney Mango Chili Fijian...186
72. Cilantro Fijian dhe Chutney Lime................................188
73. Salsa me pineapple fixhiane...190
ËSHTIRËS..192
74. Tortë me banane fixhiane...193
75. Tortë me kasava fixhiane...196
76. Fixhian Raita..198
77. Plantains Fijian të gatuar në kokos..............................200
78. Byrek me ananasin fixhian...202
79. Byrek me krem në stilin Fixhi me mbushje.................204
80. Puding me tapiokë me banane fixhiane.......................207
81. Ananasi Fixhian dhe kokosi i vogël.............................209
82. Tortë fixhiane me kokos (Tavola)................................211
83. Puding me banane dhe kokos nga Fixhia....................213
84. Topat e taros dhe kokosit fijian (Kokoda Maravu).....215
85. Bukë me ananas dhe banane fixhiane..........................217
PIJE..219
86. Pije me rrënjë Fijian Kava...220
87. Smoothie me banane fixhiane......................................222
88. Grushti i ananasit fixhian...224
89. Koktej Fijian kokosi dhe rumi......................................226
90. Birra me xhenxhefil Fijian...228
91. Fijian Papaya Lassi..230
92. Punch Rum Fijian...232

93. Smoothie fijian ananasi dhe kokosi..................234
94. Fixhian Mango Lassi..................................236
95. Mojito me kokos fixhiane............................238
96. Çaji i Xhenxhefilit dhe Limonit Fixhian.............240
97. Ftohës Fijian Tamarind...............................242
98. Fijian Kava Colada...................................244
99. Ftohës fijian për shalqi dhe nenexhik...............246
100. Koktej pasion Fijian................................248
PËRFUNDIM..250

PREZANTIMI

Mirë se vini në "LIBRI I RECETAVE TË SHOMJEVE TROPIKE FIJI". Fixhi, një xhevahir në zemër të Paqësorit Jugor, jo vetëm që krenohet me bukuri mahnitëse natyrore, por edhe me një traditë të pasur dhe të larmishme kulinarie që pasqyron kulturën dhe historinë e gjallë të ishujve.

Në faqet në vijim, ju ftojmë të filloni një aventurë gastronomike, duke eksploruar shkrirjen unike të shijeve që përcaktojnë gatimin fixhian. Nga brigjet e Viti Levu deri në fshatrat e largëta të Vanua Levu, kuzhina fixhiane është një pasqyrim i diversitetit kulturor të vendit, duke shfaqur ushqime të freskëta deti, fruta tropikale, erëza aromatike dhe metoda tradicionale gatimi si lovo, furra e tokës.

Ky libër gatimi është çelësi juaj për të zhbllokuar sekretet e kuzhinës fixhiane, pavarësisht nëse jeni një kuzhinier me përvojë ose një kuzhinier entuziast në shtëpi. Së bashku, ne do të gërmojmë në zemrën e traditave të kuzhinës fixhiane, do të zbulojmë receta të çmuara familjare dhe do t'i përshtatim ato në kuzhinën tuaj. Pra, kapni përbërësit tuaj, përqafoni atmosferat tropikale dhe le të fillojmë këtë udhëtim të shijshëm nëpër shijet e Fixhit.

MËNGJESI

1. <u>Buzë kokosi fixhiane</u>

PËRBËRËSIT:
- 3 gota miell për të gjitha përdorimet
- 1/4 filxhan sheqer të grimcuar
- 1 pako (7 g) maja e thatë e menjëhershme
- 1/2 lugë çaji kripë
- 1/2 filxhan ujë të ngrohtë
- 1/2 filxhan qumësht kokosi
- 1/4 filxhan vaj vegjetal
- 1 lugë çaji ekstrakt vanilje
- Kokosi i tharë (opsionale, për sipër)

UDHËZIME:
a) Në një tas të madh, përzieni miellin për të gjitha përdorimet, sheqerin e grimcuar, majanë e thatë të menjëhershme dhe kripën.

b) Në një tas të veçantë, kombinoni ujin e ngrohtë, qumështin e kokosit, vajin vegjetal dhe ekstraktin e vaniljes.

c) Gradualisht, përbërësit e lagësht i shtoni përbërësve të thatë, duke e trazuar brumin derisa të bëhet i butë dhe elastik. Mund të përdorni një mikser me një grep brumi ose ta gatuani me dorë në një sipërfaqe të lyer me miell.

d) E vendosim brumin në një enë të lyer me yndyrë, e mbulojmë me një peshqir të lagur dhe e lëmë në një vend të ngrohtë për rreth 1 orë ose derisa të dyfishohet në masë.

e) Ngrohni furrën tuaj në 350°F (175°C).

f) Presim brumin e pjekur dhe ndajeni në toptha të vegjël.

g) Vendosni topat në një tepsi të veshur me letër furre.

h) Opsionale: Lyejeni majat e simiteve me pak qumësht kokosi dhe sipër spërkatni kokosin e tharë.

i) Piqini në furrën e nxehur më parë për rreth 15-20 minuta ose derisa simitet të marrin ngjyrë kafe të artë.
j) Hiqini nga furra dhe lërini kokosit Fijian të ftohen pak përpara se t'i shërbeni.

2. Bukë e kokosit Fijian

PËRBËRËSIT:
- 3 gota miell për të gjitha përdorimet
- 2 lugë çaji pluhur pjekjeje
- 1/2 lugë çaji kripë
- 1/2 filxhan sheqer të grimcuar
- 1 filxhan kokos të tharë (pa ëmbëlsirë)
- 1 1/4 filxhan qumësht kokosi
- 1/4 filxhan vaj vegjetal
- 1 lugë çaji ekstrakt vanilje

UDHËZIME:
a) Ngrohni furrën tuaj në 350°F (175°C). Lyeni me yndyrë një tepsi.
b) Në një tas të madh, përzieni miellin për të gjitha përdorimet, pluhurin për pjekje, kripën, sheqerin e grimcuar dhe kokosin e tharë.
c) Në një tas të veçantë, përzieni qumështin e kokosit, vajin vegjetal dhe ekstraktin e vaniljes.
d) Gradualisht shtoni përbërësit e lagësht tek përbërësit e thatë, duke i përzier derisa të kombinohen. Kini kujdes të mos përzieni shumë.
e) Derdhni brumin në tavën e lyer me yndyrë.
f) Piqini në furrën e nxehur më parë për rreth 45-50 minuta ose derisa një kruese dhëmbësh e futur në qendër të dalë e pastër.
g) Lëreni bukën e kokosit të ftohet në tigan për 10 minuta përpara se ta transferoni në një raft teli që të ftohet plotësisht.
h) Pritini dhe shijoni bukën e kokosit Fijian me gjalpë ose lyerjet tuaja të preferuara.

3. Tortë me mjaltë fixhiane

PËRBËRËSIT:

- 2 gota miell për të gjitha përdorimet
- 1 lugë çaji pluhur pjekjeje
- 1/2 lugë çaji sodë buke
- 1/4 lugë çaji kripë
- 1 lugë çaji kanellë të bluar
- 1/2 lugë çaji arrëmyshk i bluar
- 1/2 filxhan gjalpë pa kripë, i zbutur
- 1/2 filxhan sheqer të grimcuar
- 1/2 filxhan mjaltë
- 2 vezë të mëdha
- 1 filxhan kos të thjeshtë
- 1 lugë çaji ekstrakt vanilje
- Lustër mjalti (opsionale, për spërkatje)

UDHËZIME:

a) Ngrohni furrën tuaj në 350°F (175°C). Lyejmë dhe lyejmë me miell një enë pjekjeje 9x13 inç.

b) Në një tas mesatar, përzieni miellin për të gjitha përdorimet, pluhurin për pjekje, sodën e bukës, kripën, kanellën e bluar dhe arrëmyshkun e bluar.

c) Në një tas të madh të veçantë, lyeni gjalpin e zbutur dhe sheqerin e grirë derisa të bëhet i lehtë dhe me gëzof.

d) Rrihni mjaltin dhe vezët, një nga një, derisa të kombinohen mirë.

e) Shtoni kosin e thjeshtë dhe ekstraktin e vaniljes tek përbërësit e lagësht dhe përziejini derisa të jenë të lëmuara.

f) Gradualisht shtoni përzierjen e miellit të thatë tek përbërësit e lagësht, duke i përzier derisa të kombinohen. Kini kujdes të mos përzieni shumë.

g) Derdhni brumin në enën e përgatitur për pjekje dhe shpërndajeni në mënyrë të barabartë.

h) Piqini në furrën e nxehur më parë për rreth 25-30 minuta ose derisa një kruese dhëmbësh e futur në qendër të dalë e pastër.

i) Opsionale: Hidhni glazurë mjalti mbi tortën e ngrohtë për ëmbëlsi dhe shkëlqim të shtuar.

j) Lëreni tortën me mjaltë Fijian të ftohet përpara se ta prisni në feta dhe ta shërbeni.

4. Tortë me puding fixhiane

PËRBËRËSIT:

- 1 filxhan miell për të gjitha përdorimet
- 1/2 filxhan sheqer të grimcuar
- 2 lugë çaji pluhur pjekjeje
- 1/4 lugë çaji kripë
- 1/2 filxhan qumësht
- 2 lugë gjalpë pa kripë, të shkrirë
- 1 lugë çaji ekstrakt vanilje
- 1/2 filxhan sheqer kaf
- 1/2 filxhan arra të copëtuara (të tilla si arra ose arra)
- 1 gotë ujë të vluar
- Krem pana ose akullore, për servirje (opsionale)

UDHËZIME:

a) Ngrohni furrën tuaj në 350°F (175°C). Lyeni me yndyrë një enë pjekjeje 9x9 inç.

b) Në një tas mesatar, përzieni miellin për të gjitha përdorimet, sheqerin e grirë, pluhurin për pjekje dhe kripën së bashku.

c) Përzieni qumështin, gjalpin e shkrirë dhe ekstraktin e vaniljes derisa të keni një brumë të butë.

d) Përhapeni brumin në mënyrë të barabartë në enën e përgatitur për pjekje.

e) Në një tas të veçantë, përzieni sheqerin kaf dhe arrat e copëtuara së bashku.

f) Spërkatni përzierjen e sheqerit kaf dhe arrave mbi brumin në enën e pjekjes.

g) Hidhni me kujdes ujin e vluar në mënyrë të barabartë sipër përzierjes në enën e pjekjes. Mos e përzieni.

h) Piqeni në furrën e nxehur më parë për rreth 30-35 minuta ose derisa torta të marrë ngjyrë kafe të artë dhe

një kruese dhëmbësh e futur në pjesën e kekut të dalë e pastër.
i) Lëreni tortën me Puding Fijian të ftohet pak përpara se ta shërbeni.
j) Shërbejeni të ngrohtë me krem pana ose akullore, nëse dëshironi, për një ëmbëlsirë të këndshme.

5. Lovo

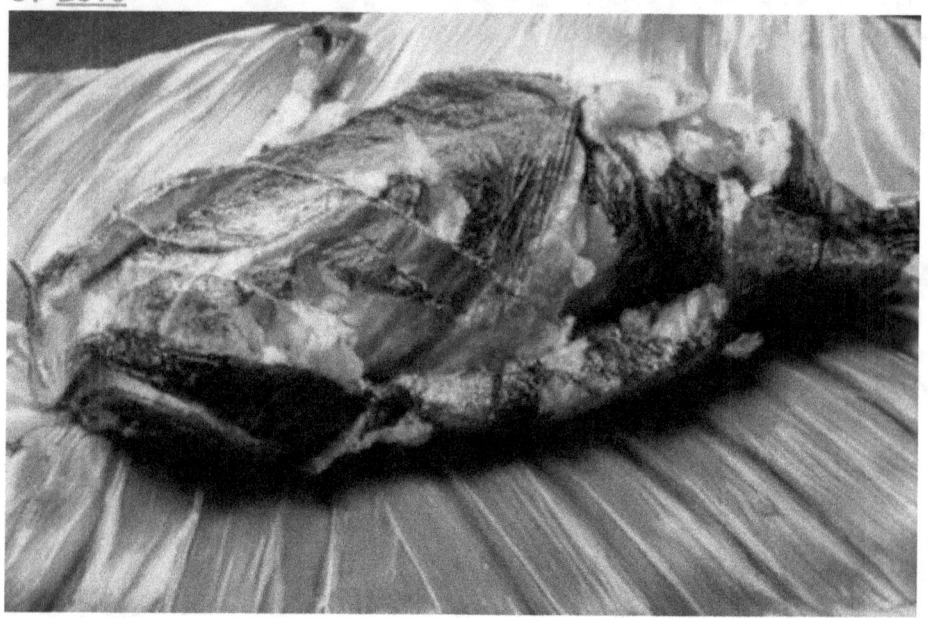

PËRBËRËSIT:
- Cassava
- Rrënja e taros
- Patate e ëmbël
- Misër në kalli
- Qumesht arre kokosi

UDHËZIME:
a) Mbështilleni kasavën, rrënjën e taros, patatet e ëmbla dhe misrin me gjethe bananeje.
b) Vendosini perimet e mbështjellura në një furrë nëntokësore (lovo) ose në një furrë të zakonshme në 350°F (180°C).
c) Piqni për 1-2 orë derisa perimet të zbuten.
d) Shërbejeni me qumësht kokosi të saposhtrydhur.

6. Paraoa Parai (Bukë e skuqur pa gluten)

PËRBËRËSIT:
- 250 g përzierje buke të shëndetshme
- 8 g Maja e thatë aktive
- 15 g sheqer ose mjaltë
- ½ lugë kripë
- 300 ml ujë - pak i ngrohtë

UDHËZIME:
a) Kombinoni të gjithë përbërësit tuaj së bashku derisa të formohet një brumë.
b) Ziejeni butësisht në një top, më pas lëreni në një tas dhe mbulojeni me një peshqir çaji. Lëreni të provohet derisa të dyfishohet në madhësi, përafërsisht. 1 ore ky nuk ka rendesi nese lihet edhe pak pasi deshironi te lehte dhe te ajrosur.
c) Hiqeni brumin e rritur nga tasi në një stol të lyer pak me miell. Rrotulloni butësisht brumin në një trashësi 15 mm dhe priteni në katrorë 6cmx6cm.
d) Ngroheni një tenxhere me vaj me madhësi mesatare në 165°C. Bëni vajin mjaft të thellë në mënyrë që brumi të mos prekë bazën dhe të mund të notojë gjatë gatimit.
e) KËSHILLË: Për të kontrolluar se temperatura është mjaft e nxehtë, vendosni fundin e një luge druri në vaj. Nëse flluska, vaji është gati. Vaji është shumë i nxehtë nëse brumi merr ngjyrë kafe të artë shumë shpejt dhe pjesa e brendshme është ende brumë/i papjekur.
f) Vendoseni butësisht brumin në vaj të nxehtë në tufa dhe gatuajeni deri në kafe të artë, përafërsisht. 30 sekonda për anë. Pasi të jetë gatuar, hiqeni nga vaji dhe vendoseni në një enë të veshur me peshqir letre. Lëreni të pushojë për 5 minuta përpara se ta shërbeni.

7. Pancakes me banane fixhiane

PËRBËRËSIT:
- 2 banane të pjekura, të grira
- 1 filxhan miell për të gjitha përdorimet
- 1 lugë pluhur pjekjeje
- 1/2 filxhan qumësht
- 1 vezë
- 2 lugë sheqer
- Gjalpë ose vaj për gatim

UDHËZIME:
a) Në një tas, kombinoni bananet e grira, miellin, pluhurin për pjekje, qumështin, vezën dhe sheqerin. Përziejini derisa të keni një brumë të butë.
b) Nxehni një tigan ose tigan në zjarr mesatar dhe shtoni pak gjalpë ose vaj.
c) Hidhni pjesë të vogla të brumit në tigan për të bërë petulla.
d) Gatuani derisa të krijohen flluska në sipërfaqe, më pas rrokullisni dhe gatuajeni anën tjetër deri në kafe të artë.
e) Shërbejini petullat tuaja me banane fixhiane me mjaltë ose shurup.

8. Dolli franceze e stilit fixhian

PËRBËRËSIT:
- 4 feta buke
- 2 vezë
- 1/2 filxhan qumësht kokosi
- 2 lugë sheqer
- 1/4 luge kanelle
- Gjalpë për tiganisje

UDHËZIME:
a) Në një tas të cekët, përzieni vezët, qumështin e kokosit, sheqerin dhe kanellën.
b) Nxehni një tigan ose tigan në zjarr mesatar dhe shtoni pak gjalpë.
c) Zhyt çdo fetë bukë në përzierjen e vezëve, duke lyer të dyja anët.
d) Vendoseni bukën e lyer në tigan dhe gatuajeni derisa të marrë ngjyrë kafe të artë nga secila anë.
e) Shërbejeni bukën tuaj franceze të stilit Fixhian me mjaltë ose shurup.

9. Krepat me miell qiqrash

PËRBËRËSIT:

- 2 gota (184 gr) gram (qipe) miell (besan)
- 1½ filxhan (356 g) ujë
- 1 qepë e vogël, e qëruar dhe e grirë (rreth ½ filxhan [75 g])
- 1 copë rrënjë xhenxhefil, e qëruar dhe e grirë ose e grirë
- 1-3 speca djegës tajlandez jeshil, serrano ose kajen, të copëtuara
- ¼ filxhan (7 g) gjethe të thata fenugree (kasoori methi)
- ½ filxhan (8 g) cilantro e freskët, e grirë
- 1 lugë çaji kripë deti të trashë
- ½ lugë çaji koriandër të bluar
- ½ lugë çaji pluhur shafran i Indisë
- 1 lugë çaji pluhur chili i kuq ose vaj kajene, për tiganisje

UDHËZIME:

a) Në një enë të thellë, përzieni miellin dhe ujin derisa të jenë të lëmuara. Më pëlqen të filloj me një kamxhik dhe më pas të përdor pjesën e pasme të një luge për të thyer grumbujt e vegjël të miellit që formohen normalisht.

b) Lëreni përzierjen të qëndrojë për të paktën 20 minuta.

c) Shtoni përbërësit e mbetur përveç vajit dhe përziejini mirë.

d) Nxehni një tigan mbi nxehtësinë mesatare-të lartë.

e) Shtoni ½ lugë çaji vaj dhe përhapeni në tigan me anën e pasme të një luge ose një peshqir letre. Ju gjithashtu mund të përdorni një llak gatimi për të lyer në mënyrë të barabartë tiganin.

f) Me një lugë, derdhni ¼ filxhan (59 mL) të brumit në qendër të tiganit. Me pjesën e pasme të lugës, përhapeni brumin në një lëvizje rrethore, në drejtim të akrepave të orës nga qendra në drejtim të pjesës së jashtme të tavës për të krijuar një petull të hollë dhe të rrumbullakët me diametër rreth 5 inç (12,5 cm).

g) Gatuani poora derisa të marrë pak ngjyrë kafe nga njëra anë, rreth 2 minuta, dhe më pas kthejeni për të gatuar nga ana tjetër. Shtypni poshtë me shpatull për t'u siguruar që edhe mesi të jetë gatuar.

h) Gatuani brumin e mbetur, duke shtuar vaj sipas nevojës për të parandaluar ngjitjen.

i) Shërbejeni me një anë të Chutney-t tim me Mint ose Pjeshkë.

10. Kremi i krepave të grurit

PËRBËRËSIT:

- 3 gota (534 g) krem gruri (sooji)
- 2 gota (474 mL) kos soje të thjeshtë pa sheqer
- 3 gota (711 mL) ujë
- 1 lugë çaji kripë deti të trashë
- ½ lugë çaji piper i zi i bluar
- ½ lugë çaji pluhur kili i kuq ose kajen
- ½ qepë e verdhë ose e kuqe, e qëruar dhe e prerë hollë
- 1-2 chiles jeshile Thai, serrano ose cayenne, të copëtuara
- Vaj, për tiganisje, vendoseni mënjanë në një tas të vogël
- ½ qepë e madhe, e qëruar dhe e përgjysmuar (për përgatitjen e tiganit)

UDHËZIME:

a) Në një enë të thellë përziejmë së bashku kremin e grurit, kosin, ujin, kripën, piperin e zi dhe pluhurin e kuq djegës dhe e lëmë mënjanë për 30 minuta që të fermentohet pak.

b) Shtoni qepën e prerë në kubikë dhe specin djegës. Përziejini butësisht.

c) Nxehni një tigan mbi nxehtësinë mesatare-të lartë. Në tigan hidhni 1 lugë çaji vaj.

d) Pasi tigani të jetë nxehtë, ngjitni një pirun në pjesën e paprerë dhe të rrumbullakosur të qepës. Duke mbajtur dorezën e pirunit, fërkojeni gjysmën e prerë të qepës përpara dhe mbrapa nëpër tiganin tuaj. Kombinimi i nxehtësisë, lëngut të qepës dhe vajit ndihmojnë në parandalimin e ngjitjes së dozës suaj. Mbajeni qepën me pirunin e futur pranë për ta përdorur përsëri midis dozave.

Kur të jetë nxirë nga tigani, mjafton të presësh hollë nga pjesa e përparme.

e) Mbani një tas të vogël me vaj anash me një lugë—do ta përdorni më vonë.

f) Më në fund kalojmë te gatimi! Hidhni pak më shumë se $\frac{1}{4}$ filxhan (59 mL) brumë në mes të tiganit tuaj të nxehtë dhe të përgatitur. Me pjesën e pasme të lugës, bëni ngadalë lëvizje në drejtim të akrepave të orës nga mesi në skajin e jashtëm të tiganit derisa brumi të bëhet i hollë dhe i ngjashëm me krep. Nëse përzierja fillon të fryjë menjëherë, thjesht ulni pak nxehtësinë.

g) Me një lugë të vogël, derdhni një rrjedhë të hollë vaji në një rreth rreth brumit.

h) Lëreni dozën të gatuhet derisa të skuqet pak dhe të largohet nga tigani. Kthejeni dhe gatuajeni anën tjetër.

MEZHET

11. Ceviche e kokosit fixhian

PËRBËRËSIT:

- 1 kg karkaleca ose peshk të gatuar, të qëruar dhe të deveinuar
- 1 kastravec i prerë në kubikë
- 1 domate e prerë në kubikë
- 1 spec zile (çdo ngjyrë), i prerë në kubikë
- 1/4 filxhan qepë të kuqe të grirë hollë
- 1/4 filxhan cilantro të freskët të copëtuar
- Lëng nga 2-3 lime
- 1/2 filxhan qumësht kokosi
- Kripë dhe piper për shije
- Piper djegës i grirë imët (opsionale, për nxehtësi të shtuar)
- Thekon kokosi të thekur (opsionale, për zbukurim)
- Crackers ose patate të skuqura tortilla, për servirje

UDHËZIME:

a) Në një tas të madh, kombinoni karkalecat ose peshkun e gatuar, kastravecin e prerë në kubikë, domaten, specin zile, qepën e kuqe dhe cilantron e copëtuar.

b) Në një tas të vogël të veçantë, përzieni lëngun e limonit, qumështin e kokosit, kripën dhe piperin. Rregulloni erëzat sipas shijes tuaj.

c) Hidhni qumështin e kokosit dhe salcën e limonit mbi përzierjen e karkalecave ose peshkut në tasin e madh.

d) 4. Përziejini gjithçka derisa përbërësit të jenë lyer mirë me salcë.

e) Nëse preferoni pak nxehtësi, mund të shtoni spec djegës të grirë hollë në ceviche dhe ta përzieni.

f) Mbulojeni enën me mbështjellës plastik dhe vendoseni në frigorifer për të paktën 30 minuta në mënyrë që shijet të bashkohen.

g) Përpara se ta shërbeni, jepni Ceviche të kokosit Fijian një përzierje të fundit dhe shijoni për erëza. Rregullojeni me më shumë kripë, piper ose lëng lime nëse është e nevojshme.

h) Nëse dëshironi, spërkatni thekonet e thekura të kokosit në majë të ceviche për teksturë të shtuar dhe një prekje të shijes shtesë të kokosit.

i) Shërbejeni Ceviche të ftohtë të kokosit fixhian me krisur ose patate të skuqura tortilla për një meze freskuese dhe të këndshme ose vakt të lehtë.

12. Taro Fijian dhe dumplings kokosi

PËRBËRËSIT:
- 2 gota taro, të qëruara dhe të grira
- 1 filxhan kokos të grirë
- 1/2 filxhan sheqer
- Një majë kripë

UDHËZIME:
a) Kombinoni taron e grirë dhe kokosin në një tas.
b) Shtoni sheqerin dhe pak kripë dhe më pas përzieni mirë.
c) Formoni peta të vogla nga përzierja dhe ziejini në avull për rreth 20-30 minuta ose derisa të bëhen të forta.
d) Shërbejini këto peta të ëmbla dhe niseshte si një ëmbëlsirë për mëngjes fixhian.

13. Patate të skuqura kasava Fixhiane

PËRBËRËSIT:
- 2 rrënjë të mëdha cassava
- Vaj vegjetal për tiganisje
- Kripë dhe piper për shije

UDHËZIME:
a) Qëroni rrënjët e kasavës dhe pritini në copa ose shirita të hollë.
b) Ngrohni vajin vegjetal në një tigan ose tenxhere të thellë.
c) Skuqini fetat e kasavës derisa të marrin ngjyrë kafe të artë dhe të bëhen krokante.
d) Hiqeni nga vaji dhe kullojeni në peshqir letre.
e) I rregullojmë me kripë dhe piper sipas shijes.
f) Shërbejeni patatinat e kasave si një meze krokante fixhiane.

14. Samosa me pula fixhiane

PËRBËRËSIT:

- 1 filxhan pulë të gatuar, të grirë
- 1/2 filxhan patate të prera në kubikë, të ziera
- 1/2 filxhan bizele
- 1/4 filxhan karota të prera në kubikë, të ziera
- 1/4 filxhan qepë të grirë hollë
- 2 thelpinj hudhre, te grira
- 1 lugë karri pluhur
- Kripë dhe piper për shije
- Mbulesa samosa (të disponueshme në dyqane)
- Vaj vegjetal për tiganisje

UDHËZIME:

a) Në një tigan kaurdisim qepën dhe hudhrën derisa të marrin aromë.

b) Shtoni pulën, patatet, bizelet, karotat dhe pluhurin e kerit. Gatuani për disa minuta.

c) I rregullojmë me kripë dhe piper.

d) Mbushni mbështjellësit e samozës me masën, palosni në forma trekëndore dhe mbyllni skajet me pak ujë.

e) Ngrohni vajin vegjetal në një tigan të thellë dhe skuqni samosat derisa të marrin ngjyrë kafe të artë dhe të bëhen krokante.

f) Shërbejini këto samosa të shijshme pule fixhiane me chutney.

15. Puffs Curry Peshku Fijian

PËRBËRËSIT:

- 1 filxhan peshk i gatuar, i grirë
- 1/2 filxhan patate të prera në kubikë, të ziera
- 1/4 filxhan bizele
- 1/4 filxhan karota të prera në kubikë, të ziera
- 1/4 filxhan qepë të prerë në kubikë
- 1 thelpi hudhër, të grirë
- 1 lugë karri pluhur
- Kripë dhe piper për shije
- Fletët e pastiçerisë (të disponueshme në dyqane)

UDHËZIME:

a) Në një tigan kaurdisim qepën dhe hudhrën derisa të marrin aromë.
b) Shtoni peshkun, patatet, bizelet, karotat dhe pluhurin e kerit. Gatuani për disa minuta.
c) I rregullojmë me kripë dhe piper.
d) Mbushim fletët e peta me përzierje, i palosim në forma trekëndore dhe mbyllim skajet.
e) I pjekim sipas udhëzimeve të paketimit të petë deri sa të marrin ngjyrë të artë dhe të fryhen.
f) Shërbejini këto pudre me karri të peshkut fixhian si meze.

16. Karkalecat e kokosit Fijian

PËRBËRËSIT:

- 1/2 £ karkaleca të mëdha, të qëruara dhe të deveinuara
- 1 filxhan kokos të grirë
- 1/2 filxhan miell për të gjitha përdorimet
- 1 vezë e rrahur
- Kripë dhe piper për shije
- Vaj vegjetal për tiganisje

UDHËZIME:

a) Në një enë përzieni kokosin e grirë me pak kripë dhe piper.
b) Zhytni çdo karkalec në vezën e rrahur dhe më pas lyejeni me kokosin e grirë.
c) Ngrohni vajin vegjetal në një tigan dhe skuqni karkalecat e lyera derisa të marrin ngjyrë të artë dhe krokante.
d) Shërbejini këto karkaleca të shijshme të kokosit fijian me një salcë zhytjeje sipas dëshirës tuaj.

17. Arra të pjekura me erëza Fixhiane

PËRBËRËSIT:
- 2 gota arra të përziera (bajame, shqeme, kikirikë, etj.)
- 1 lugë gjelle vaj ulliri
- 1 lugë karri pluhur
- 1/2 lugë të grirë qimnon
- 1/2 lugë paprika
- Kripë për shije

UDHËZIME:
a) Ngrohni furrën tuaj në 350°F (180°C).
b) Në një tas, hidhni arrat e përziera me vaj ulliri, pluhur kerri, qimnon, paprika dhe pak kripë.
c) Shpërndani arrat me erëza në një tepsi dhe piqini për 10-15 minuta, ose derisa të bëhen aromatik dhe të thekur pak.
d) Lërini të ftohen përpara se t'i shërbeni si një përzierje erëzash arra Fixhiane.

KURS KRYESOR

18. Oriz i skuqur në Fixhi

PËRBËRËSIT:

- 2 gota oriz të gatuar, të ftohur
- 2 vezë, të rrahura
- 1/2 filxhan proshutë të prerë në kubikë ose pulë të gatuar
- 1/2 filxhan ananas të prerë në kubikë
- 1/2 filxhan perime të përziera të prera në kubikë (speca, bizele, karrota, etj.)
- Salcë soje për shije
- Kripë dhe piper për shije
- Vaj gatimi

UDHËZIME:

a) Ngrohni pak vaj në një tigan të madh ose wok mbi nxehtësinë mesatare-të lartë.
b) Shtoni vezët e rrahura dhe i përzieni. Hiqeni nga tigani dhe lërini mënjanë.
c) Në të njëjtën tigan, shtoni pak më shumë vaj nëse është e nevojshme dhe skuqni proshutën ose pulën e prerë në kubikë dhe perimet e përziera derisa të zbuten.
d) Shtoni orizin e gatuar, vezët e fërguara, ananasin e prerë në kubikë dhe pak salcë soje. Skuqeni derisa gjithçka të nxehet dhe të kombinohet mirë.
e) I rregullojmë me kripë dhe piper sipas shijes.
f) Shërbejeni mëngjesin tuaj fixhian oriz të skuqur të nxehtë.

19. Fijian Chicken Cop Suey

PËRBËRËSIT:

- 1 paund gjoks ose kofshë pule pa kocka, pa lëkurë, të prera hollë
- 2 lugë vaj vegjetal
- 1 qepë, e prerë në feta
- 2 thelpinj hudhre, te grira
- Copë 1 inç xhenxhefil të freskët, të grirë
- 1 filxhan lakër të prerë në feta
- 1 filxhan karota të prera në feta
- 1 filxhan speca zile të prera në feta (të kuqe, jeshile ose të verdhë)
- 1 filxhan lule brokoli të prera në feta
- 1/4 filxhan salcë soje
- 2 lugë salcë perle
- 1 lugë niseshte misri, i tretur në 2 lugë ujë
- Oriz i bardhë i gatuar, për servirje

UDHËZIME:

a) Në një tigan të madh ose wok, ngrohni vajin vegjetal mbi nxehtësinë mesatare-të lartë.

b) Shtoni pulën e prerë në feta dhe skuqeni derisa të gatuhet dhe të skuqet lehtë. Hiqeni pulën nga tigani dhe lëreni mënjanë.

c) Në të njëjtën tigan shtojmë edhe pak vaj nëse nevojitet dhe kaurdisim qepët e prera në feta, hudhrën e grirë dhe xhenxhefilin e grirë derisa të marrin aromë dhe qepët të jenë të tejdukshme.

d) Shtoni në tigan lakrën e prerë në feta, karotat, specat dhe brokolin. Skuqini perimet për disa minuta derisa të jenë të buta dhe të freskëta.

e) E kthejmë pulën e gatuar në tigan dhe e përziejmë me perimet.

f) Në një tas të vogël, përzieni së bashku salcën e sojës dhe salcën e gocave. Hidhni salcën mbi pulën dhe perimet dhe përzieni gjithçka derisa të mbulohen mirë.

g) Përzieni përzierjen e niseshtës së misrit që salca të trashet pak.

h) Shërbejeni Fijian Chicken Chop Suey mbi oriz të bardhë të gatuar për një vakt të shijshëm dhe të kënaqshëm.

20. Mahi Mahi Fijian i pjekur në skarë

PËRBËRËSIT:

- 4 fileto Mahi Mahi (ose ndonjë peshk i bardhë i fortë)
- 1/4 filxhan qumësht kokosi
- 2 luge gjelle leng lime
- 2 thelpinj hudhre, te grira
- 1 lugë çaji xhenxhefil të freskët të grirë
- 1 lugë çaji qimnon i bluar
- 1 lugë çaji koriandër të bluar
- 1/2 lugë çaji pluhur shafran i Indisë
- Kripë dhe piper për shije
- Cilantro i freskët i copëtuar, për zbukurim
- Pika gëlqereje, për servirje

UDHËZIME:

a) Në një pjatë të cekët, kombinoni qumështin e kokosit, lëngun e limonit, hudhrën e grirë, xhenxhefilin e grirë, qimnonin e bluar, korianderin e bluar, shafranin e Indisë pluhur, kripën dhe piperin për të krijuar marinadën.

b) Vendosni filetot Mahi Mahi në marinadë, duke u kujdesur që t'i lyeni plotësisht. Mbulojeni enën dhe vendoseni në frigorifer për të paktën 30 minuta në mënyrë që shijet të mbushin peshkun.

c) Ngrohni grilën tuaj në nxehtësi mesatare-të lartë.

d) Hiqni filetot Mahi Mahi nga marinada dhe skuqini në skarë për rreth 3-4 minuta nga secila anë ose derisa të jenë gatuar dhe të kenë shenja të bukura të grilit.

e) Ndërsa gatuani në skarë, mund të lyeni me furçë pak nga marinada e mbetur mbi peshk për ta mbajtur atë të lagësht dhe për t'i dhënë aromë shtesë.

f) Pasi peshku të jetë gatuar, vendoseni në një pjatë servirjeje dhe zbukurojeni me cilantro të freskët të copëtuar.

g) Shërbejeni Mahi Mahi të pjekur në skarë Fijian me pykë gëlqereje anash për t'u shtrydhur mbi peshk.

21. e pjekur në skarë në furrë nëntokësore

PËRBËRËSIT:
- 1 pulë e plotë, e pastruar dhe e prerë në copa
- 1 lb bërxolla qengji ose copa mishi qengji
- 1 paund brinjë derri ose copa derri
- 1 lb fileto peshku (çdo peshk i bardhë i fortë)
- 1 lb taro, i qëruar dhe i prerë në copa
- 1 lb patate të ëmbla, të qëruara dhe të prera në copa
- 1 lb kasavë, e qëruar dhe e prerë në copa
- 1 lb delli, të qëruara dhe të prera në copa
- Fletë bananeje ose letër alumini, për mbështjellje
- Kripë dhe piper për shije
- Copa limoni ose gëlqereje, për servirje

UDHËZIME:
a) Ngrohni grilën tuaj në nxehtësi mesatare-të lartë.
b) I rregullojmë pulën, qengjin dhe mishin e derrit me kripë dhe piper për shije.
c) Në një tas të madh, përzieni taron, patatet e ëmbla, kassava dhe delli së bashku.
d) Krijoni pako individuale me gjethe bananeje ose letër alumini duke vendosur një pjesë të çdo mishi dhe perimesh në qendër dhe duke i palosur gjethet ose fletë metalike për të mbyllur mirë përmbajtjen.
e) Vendosini paketat në skarë dhe gatuajini për rreth 1 deri në 1,5 orë ose derisa të gjitha mishi dhe perimet të jenë të buta dhe të gatuara plotësisht.
f) Hapni me kujdes paketat dhe hidhni përmbajtjen e pjekur në skarë në një pjatë servirjeje.
g) Shërbejeni ushqimin e pjekur në skarë Fijian në furrë nëntokësore me copa limon ose gëlqere anash për freski dhe shije të shtuar.

22. Oktapodi Fijian i zier me krem kokosi

PËRBËRËSIT:

- 2 kilogramë oktapod, i pastruar dhe i prerë në copa sa kafshatë
- 2 lugë vaj vegjetal
- 1 qepë, e grirë hollë
- 2 thelpinj hudhre, te grira
- Copë 1 inç xhenxhefil të freskët, të grirë
- 2 domate, të prera
- 1 filxhan krem kokosi
- 2 gota ujë ose lëng peshku
- 1 lugë gjelle salcë peshku
- 1 lugë gjelle salcë soje
- 1 lugë gjelle lëng limoni ose gëlqereje
- Kripë dhe piper për shije
- Cilantro i freskët i copëtuar, për zbukurim
- Oriz i bardhë i gatuar, për servirje

UDHËZIME:

a) Në një tenxhere të madhe ose furrë holandeze, ngrohni vajin vegjetal mbi nxehtësinë mesatare.

b) Shtoni qepët e grira, hudhrën e grirë dhe xhenxhefilin e grirë. Skuqini derisa qepët të jenë të buta dhe të tejdukshme.

c) Shtoni copat e oktapodit në tenxhere dhe ziejini për disa minuta derisa të fillojnë të përkulen dhe të bëhen të errëta.

d) Përzieni domatet e copëtuara, kremin e kokosit, ujin ose lëngun e peshkut, salcën e peshkut, salcën e sojës dhe lëngun e limonit ose limonit. Përziejini gjithçka mirë.

e) Mbulojeni tenxheren dhe lëreni zierjen e oktapodit të ziejë në zjarr të ulët për rreth 45 minuta deri në 1 orë ose derisa të zbutet dhe të gatuhet plotësisht.

f) I rregullojmë me kripë dhe piper sipas shijes.

g) Dekoroni me cilantro të freskët të copëtuar përpara se ta shërbeni.

h) Shërbejeni oktapodin fijian të zier në krem kokosi me oriz të bardhë të gatuar për një pjatë të këndshme me ushqim deti.

23. Peshku i kokosit Fijian me spinaq dhe oriz

PËRBËRËSIT:

- 1 kërcell limoni, i grirë imët
- 1 djegës i kuq, i grirë imët (sipas dëshirës)
- $\frac{1}{2}$ qepë e kuqe, e prerë hollë
- 4 domate të pjekura, të prera përafërsisht (ose 1 kanaçe domate të grimcuara)
- 1 kanaçe qumësht kokosi
- 2-3 lugë lëng limoni
- 2 lugë salcë peshku
- 1 lugë çaji sheqer
- $\frac{1}{4}$ filxhan gjethe borziloku, të prera përafërsisht, plus shtesë për zbukurim
- 600 g fileto peshku të bardhë (p.sh., terakihi, gurnard, snapper, etj.)
- 300 gr spinaq bebe
- Oriz i zier në avull, për servirje

UDHËZIME:

a) Në një tigan të madh mbi nxehtësinë mesatare, shtoni $\frac{1}{4}$ filxhan qumësht kokosi, limoni dhe djegës (nëse përdorni). Skuqeni derisa lëngu të avullojë dhe limona të zbutet (rreth 2-3 minuta).

b) Hidhni qumështin e mbetur të kokosit, qepën e prerë në feta, domatet (të freskëta ose të konservuara), lëngun e limonit, salcën e peshkut, sheqerin dhe gjethet e borzilokut të copëtuara. Lëreni përzierjen të ziejë për 5 minuta, duke lejuar që shijet të shkrihen.

c) Thajeni filetot e peshkut me peshqir letre dhe sigurohuni që të mos mbeten luspa apo kocka. I rregullojmë peshkun me kripë dhe piper.

d) Vendosni butësisht filetot e peshkut në salcën e kokosit, duke u siguruar që ato të jenë zhytur plotësisht. Ziejini për 4 minuta, më pas kthejini me kujdes filetot dhe gatuajeni edhe për 1 minutë shtesë ose derisa peshku sapo të jetë gatuar.

e) Në një tigan të veçantë, ziejini me avull ose kaurdisni lehtë spinaqin e vogël derisa të venihet.

f) Për ta shërbyer, hidhni me lugë një sasi të madhe orizi në secilën pjatë. Hidhni sipër peshkun dhe salcën e shijshme të kokosit.

g) Shtoni një pjesë të spinaqit të tharë anash. Dekoroni me gjethe borziloku shtesë për një prekje të freskët.

KARRI DHE SUPA

24. Pulë fixhiane, domate dhe kerri me patate

PËRBËRËSIT:

- 1 lb copa pule (me kocka ose pa kocka), të prera në copa të vogla
- 2 lugë vaj vegjetal
- 1 qepë e grirë hollë
- 2 thelpinj hudhre, te grira
- Copë 1 inç xhenxhefil të freskët, të grirë
- 2 domate, të prera
- 2 patate të qëruara dhe të prera në kubikë
- 1 filxhan qumësht kokosi
- 1 lugë gjelle pluhur kerri
- 1 lugë çaji qimnon i bluar
- 1 lugë çaji koriandër të bluar
- 1/2 lugë çaji pluhur shafran i Indisë
- 1/4 lugë çaji pluhur djegës (përshtateni sipas preferencës tuaj të erëzave)
- Kripë dhe piper për shije
- Cilantro i freskët i copëtuar, për zbukurim
- Oriz i bardhë i gatuar, për servirje

UDHËZIME:

a) Në një tenxhere ose tigan të madh, ngrohni vajin vegjetal mbi nxehtësinë mesatare.

b) Shtoni qepët e grira, hudhrën e grirë dhe xhenxhefilin e grirë. Skuqini derisa qepët të jenë të buta dhe të tejdukshme.

c) Shtoni copat e pulës në tenxhere dhe skuqini nga të gjitha anët.

d) Përzieni domatet e copëtuara, patatet e prera në kubikë, qumështin e kokosit, pluhurin e kerit, qimnonin e bluar, korianderin e bluar, pluhurin e shafranit të Indisë dhe pluhurin djegës. Përziejini gjithçka mirë.

e) I rregullojmë me kripë dhe piper sipas shijes.

f) Mbulojeni tenxheren dhe lëreni karin të ziejë në zjarr të ulët për rreth 30 minuta ose derisa pula të jetë gatuar plotësisht dhe patatet të jenë të buta.

g) Rregulloni erëzat nëse është e nevojshme.

h) Dekoroni me cilantro të freskët të copëtuar përpara se ta shërbeni.

i) Shërbejeni karin e pulës, domateve dhe patateve fixhiane me oriz të bardhë të gatuar për një vakt komod dhe me shije.

25. Gaforrja Fixhiane

PËRBËRËSIT:

- 2 kg gaforre, të pastruara dhe të prera në copa
- 2 lugë vaj vegjetal
- 1 qepë e grirë hollë
- 2 thelpinj hudhre, te grira
- Copë 1 inç xhenxhefil të freskët, të grirë
- 2 domate, të prera
- 1 lugë gjelle pluhur kerri
- 1 lugë çaji qimnon i bluar
- 1 lugë çaji koriandër të bluar
- 1/2 lugë çaji pluhur shafran i Indisë
- 1/4 lugë çaji pluhur djegës (përshtateni sipas preferencës tuaj të erëzave)
- 1 filxhan qumësht kokosi
- Kripë dhe piper për shije
- Cilantro i freskët i copëtuar, për zbukurim
- Oriz i bardhë i zier, për servirje

UDHËZIME:

a) Në një tenxhere ose tigan të madh, ngrohni vajin vegjetal mbi nxehtësinë mesatare.

b) Shtoni qepët e grira, hudhrën e grirë dhe xhenxhefilin e grirë. Skuqini derisa qepët të jenë të buta dhe të tejdukshme.

c) Gaforret i shtojmë në tenxhere dhe i kaurdisim për disa minuta derisa të fillojnë të marrin ngjyrë rozë.

d) Përzieni domatet e copëtuara, pluhurin e kerit, qimnonin e bluar, koriandrin e bluar, pluhurin e shafranit të Indisë dhe pluhurin djegës. Përziejini gjithçka mirë.

e) Hidhni qumështin e kokosit dhe lëreni karin të ziejë.

f) Mbuloni tenxheren dhe lërini gaforret të gatuhen në karin e kokosit për rreth 15-20 minuta ose derisa të jenë gatuar plotësisht dhe të zbuten.
g) I rregullojmë me kripë dhe piper sipas shijes.
h) Dekoroni me cilantro të freskët të copëtuar përpara se ta shërbeni.
i) Shërbejeni Curry-n e Gaforreve Fijian me oriz të bardhë të gatuar për një vakt të shijshëm me ushqim deti.

26. Karkaleca me karkaleca fixhiane

PËRBËRËSIT:

- 1 £ karkaleca të mëdha, të qëruara dhe të deveruara
- 2 lugë vaj vegjetal
- 1 qepë, e grirë hollë
- 2 thelpinj hudhre, te grira
- Copë 1 inç xhenxhefil të freskët, të grirë
- 2 domate, të prera
- 1 lugë gjelle pluhur kerri
- 1 lugë çaji qimnon i bluar
- 1 lugë çaji koriandër të bluar
- 1/2 lugë çaji pluhur shafran i Indisë
- 1/4 lugë çaji pluhur djegës (përshtateni sipas preferencës tuaj të erëzave)
- 1 filxhan qumësht kokosi
- Kripë dhe piper për shije
- Cilantro i freskët i copëtuar, për zbukurim
- Oriz i bardhë i gatuar, për servirje

UDHËZIME:

a) Në një tenxhere ose tigan të madh, ngrohni vajin vegjetal mbi nxehtësinë mesatare.

b) Shtoni qepët e grira, hudhrën e grirë dhe xhenxhefilin e grirë. Skuqini derisa qepët të jenë të buta dhe të tejdukshme.

c) Shtoni karkalecat në tenxhere dhe ziejini për disa minuta derisa të fillojnë të marrin ngjyrë rozë.

d) Përzieni domatet e copëtuara, pluhurin e kerit, qimnonin e bluar, koriandrin e bluar, pluhurin e shafranit të Indisë dhe pluhurin djegës. Përziejini gjithçka mirë.

e) Hidhni qumështin e kokosit dhe lëreni përzierjen të ziejë.

f) Mbulojeni tenxheren dhe lërini karkalecat të zihen në karin e kokosit për rreth 5-7 minuta ose derisa të jenë gatuar plotësisht dhe të zbuten.

g) I rregullojmë me kripë dhe piper sipas shijes.

h) Dekoroni me cilantro të freskët të copëtuar përpara se ta shërbeni.

i) Shërbejini karkalecat fixhiane me oriz të bardhë të gatuar për një pjatë të shijshme me ushqim deti.

27. Kasava e kokosit

PËRBËRËSIT:

- 2 lugë gjelle (30 ml) vaj kokosi
- 1/2 qepë, e copëtuar
- 8 thelpinj hudhre
- Copë 1 inç xhenxhefil të freskët
- 14 oz (400 g) kasava (të qëruara, të lara dhe të prera në kube 1 inç)
- 1 lugë shafran i Indisë pluhur
- 1 lugë kripë, ose për shije
- 1 lugë piper i sapo bluar
- 3 gota (720 ml) ujë
- 2 gota (480 ml) qumësht kokosi
- 8 gjethe kerri të tëra, të freskëta

UDHËZIME:

a) Nxehni një tigan të madh ose tigan mbi nxehtësinë mesatare dhe shtoni 1 lugë gjelle vaj kokosi. Shtoni qepët e grira në tigan dhe skuqini derisa të jenë të tejdukshme, rreth 3 minuta.

b) Hidhni hudhrën dhe xhenxhefilin duke përdorur një llaç dhe shtypni dhe shtoni këtë pastë të trashë tek qepët. Lëreni këtë të gatuhet për një minutë. Shtoni kubikët e grirë të kasavës, shafranin e Indisë, 1 lugë kripë ose sipas shijes dhe piper. I trazojmë mirë. Shtoni ujë dhe mbulojeni tiganin me kapak dhe lëreni të ziejë. Pas 15 minutash, zbuloni tavën dhe kontrolloni nëse kubikët e kasave janë zbutur. Nëse kubet nuk janë të buta, vazhdoni gatimin edhe për 3 deri në 5 minuta të tjera.

c) Ulni zjarrin, shtoni qumështin e kokosit dhe përzieni mirë. Lëreni salcën të trashet pak për 2 minuta. Shijoni dhe rregulloni erëzat.

d) Në një tigan të veçantë, ngrohni 1 lugë vaj kokosi të mbetur në nxehtësi mesatare-të ulët. Shtoni gjethet e kerit dhe lërini të ngrohen për 1 minutë. Hiqeni nga zjarri dhe

28. Karri i rosës fixhiane

PËRBËRËSIT:
- 2 kg mish rosë, i prerë në copa
- 2 lugë vaj vegjetal
- 1 qepë, e grirë hollë
- 2 thelpinj hudhre, te grira
- Copë 1 inç xhenxhefil të freskët, të grirë
- 2 domate, të prera
- 1 lugë gjelle pluhur kerri
- 1 lugë çaji qimnon i bluar
- 1 lugë çaji koriandër të bluar
- 1/2 lugë çaji pluhur shafran i Indisë
- 1/4 lugë çaji pluhur djegës (përshtateni sipas preferencës tuaj të erëzave)
- 1 filxhan qumësht kokosi
- Kripë dhe piper për shije
- Cilantro i freskët i copëtuar, për zbukurim
- Oriz i bardhë i gatuar, për servirje

UDHËZIME:
a) Në një tenxhere ose tigan të madh, ngrohni vajin vegjetal mbi nxehtësinë mesatare.
b) Shtoni qepët e grira, hudhrën e grirë dhe xhenxhefilin e grirë. Skuqini derisa qepët të jenë të buta dhe të tejdukshme.
c) Shtoni mishin e rosës në tenxhere dhe gatuajeni derisa të skuqet nga të gjitha anët.
d) Përzieni domatet e copëtuara, pluhurin e kerit, qimnonin e bluar, koriandrin e bluar, pluhurin e shafranit të Indisë dhe pluhurin djegës. Përziejini gjithçka mirë.
e) Hidhni qumështin e kokosit dhe lëreni karin të ziejë.

f) Mbulojeni tenxheren dhe lëreni mishin e rosës të gatuhet në karrin e kokosit për rreth 45-60 minuta ose derisa të jetë i butë dhe i gatuar plotësisht.

g) I rregullojmë me kripë dhe piper sipas shijes.

h) Dekoroni me cilantro të freskët të copëtuar përpara se ta shërbeni.

i) Shërbejeni Curry-n Fijian Duck Curry me oriz të bardhë të gatuar për një vakt të shijshëm dhe të përzemërt.

29. Fijian Fish Curry

PËRBËRËSIT:

- 3 lugë gjelle (44 mililitra) vaj vegjetal
- 1 qepë mesatare, e qëruar dhe e prerë në kubikë
- 1 shkop kanelle
- 3 thelpinj hudhër, të qëruara dhe të grira
- 2 speca djegës të gjatë të kuq, bishtat dhe farat e hequra, të copëtuara
- 1 1/2 lugë çaji garam masala
- 1 lugë çaji qimnon i thekur i bluar
- 1 lugë çaji shafran i Indisë i bluar
- 2 domate mesatare, të prera imët
- 1 1/2 paund (680 gram) peshk i bardhë i fortë
- Lëng nga 1 limon
- 1 2/3 filxhan (400 ml) qumësht kokosi
- Kripë për shije
- cilantro e freskët e copëtuar për zbukurim
- Oriz i bardhë i zier në avull për servirje

UDHËZIME:

a) Në një tigan të madh, derdhni vajin vegjetal mbi nxehtësinë mesatare.

b) Pasi vaji të jetë nxehur, shtoni qepën e prerë në kubikë dhe shkopin e kanellës. Ziejini derisa qepa të fillojë të zbutet, më pas shtoni hudhrën e grirë dhe specin djegës të kuq të grirë. Gatuani derisa të jetë vetëm aromatik.

c) Përzieni garam masala, qimnonin e thekur të bluar dhe shafranin e Indisë. Lërini erëzat të lëshojnë shijet dhe aromën e tyre.

d) Shtoni domatet e prera imët në tigan dhe gatuajeni, duke i përzier herë pas here, derisa domatet të fillojnë të shpërbëhen dhe të formojnë një konsistencë të ngjashme me salcën, rreth 15 minuta.

e) Vendosni copat e peshkut të bardhë të fortë rreth përzierjes së domates në tigan. Hidhni lëngun e limonit sipër peshkut.

f) Gatuani peshkun për disa minuta nga njëra anë dhe më pas kthejeni butësisht copat në anën tjetër.

g) Hidhni qumështin e kokosit dhe lëreni përzierjen të ziejë lehtë. Lëreni peshkun të gatuhet dhe të thithë shijet e kerit të kokosit, përafërsisht 5 minuta.

h) Sezoni peshkun Suruwa me kripë për shije.

i) Garnizoni me cilantro të freskët të copëtuar përpara se ta shërbeni.

j) Shërbejeni menjëherë peshkun e shijshëm Fijian Fish Suruwa me oriz të bardhë të zier në avull.

k) Shijojeni këtë kerri peshku të shpejtë dhe të shijshëm si një vakt të shijshëm!

30. Curry dhie fixhiane

PËRBËRËSIT:

- 2 kg mish dhie, i prerë në copa
- 2 lugë vaj vegjetal
- 1 qepë e grirë hollë
- 2 thelpinj hudhre, te grira
- Copë 1 inç xhenxhefil të freskët, të grirë
- 2 domate, të prera
- 1 lugë gjelle pluhur kerri
- 1 lugë çaji qimnon i bluar
- 1 lugë çaji koriandër të bluar
- 1/2 lugë çaji pluhur shafran i Indisë
- 1/4 lugë çaji pluhur djegës (përshtateni sipas preferencës tuaj të erëzave)
- 1 filxhan qumësht kokosi
- Kripë dhe piper për shije
- Cilantro i freskët i copëtuar, për zbukurim
- Oriz i bardhë i gatuar, për servirje

UDHËZIME:

a) Në një tenxhere ose tigan të madh, ngrohni vajin vegjetal mbi nxehtësinë mesatare.

b) Shtoni qepët e grira, hudhrën e grirë dhe xhenxhefilin e grirë. Skuqini derisa qepët të jenë të buta dhe të tejdukshme.

c) Shtoni mishin e dhisë në tenxhere dhe gatuajeni derisa të skuqet nga të gjitha anët.

d) Përzieni domatet e copëtuara, pluhurin e kerit, qimnonin e bluar, koriandrin e bluar, pluhurin e shafranit të Indisë dhe pluhurin djegës. Përziejini gjithçka mirë.

e) Hidhni qumështin e kokosit dhe lëreni karin të ziejë.

f) Mbulojeni tenxheren dhe lëreni mishin e dhisë të gatuhet në karin e kokosit për rreth 1.5 deri në 2 orë ose derisa të bëhet i butë dhe të bjerë lehtësisht nga kocka.

g) Mund t'ju duhet të shtoni pak ujë gjatë procesit të gatimit nëse kerri fillon të thahet shumë.

h) I rregullojmë me kripë dhe piper sipas shijes.

i) Dekoroni me cilantro të freskët të copëtuar përpara se ta shërbeni.

j) Shërbejeni kerin e dhisë Fijian me oriz të bardhë të gatuar ose roti për një vakt të përzemërt dhe me shije.

31. Supë Fijian Taro dhe Spinaq

PËRBËRËSIT:
- 2 gota taro, të qëruara dhe të prera në kubikë
- 1 filxhan spinaq i freskët, i grirë
- 1/2 qepë, e copëtuar
- 2 thelpinj hudhre, te grira
- 4 gota lëng pule ose perimesh
- 1/2 filxhan qumësht kokosi
- Kripë dhe piper për shije

UDHËZIME:
a) Në një tenxhere të madhe kaurdisim qepën dhe hudhrën derisa të marrin aromë.
b) Shtoni taron të prerë në kubikë dhe skuqeni për disa minuta.
c) Hidhni lëngun dhe ziejini derisa taro të zbutet.
d) Shtoni spinaqin e grirë dhe qumështin e kokosit. Gatuani derisa spinaqi të thahet.
e) I rregullojmë me kripë dhe piper.
f) Shërbejeni këtë supë fixhiane taro dhe spinaq si një meze të përzemërt.

32. Merak me qengj fixhian

PËRBËRËSIT:

- 2 kg mish qengji me zierje, të prerë në copa
- 2 lugë vaj vegjetal
- 1 qepë, e grirë hollë
- 2 thelpinj hudhre, te grira
- Copë 1 inç xhenxhefil të freskët, të grirë
- 2 domate, të prera
- 1 lugë gjelle pluhur kerri
- 1 lugë çaji qimnon i bluar
- 1 lugë çaji koriandër të bluar
- 1/2 lugë çaji pluhur shafran i Indisë
- 1/4 lugë çaji pluhur djegës (përshtateni sipas preferencës tuaj të erëzave)
- 1 filxhan qumësht kokosi
- 2 gota ujë ose lëng perimesh
- Kripë dhe piper për shije
- Cilantro i freskët i copëtuar, për zbukurim
- Oriz i bardhë i zier ose roti, për servirje

UDHËZIME:

a) Në një tenxhere të madhe ose furrë holandeze, ngrohni vajin vegjetal mbi nxehtësinë mesatare.

b) Shtoni qepët e grira, hudhrën e grirë dhe xhenxhefilin e grirë. Skuqini derisa qepët të jenë të buta dhe të tejdukshme.

c) Shtoni në tenxhere mishin e mishit të qengjit dhe gatuajeni derisa të skuqet nga të gjitha anët.

d) Përzieni domatet e copëtuara, pluhurin e kerit, qimnonin e bluar, koriandrin e bluar, pluhurin e shafranit të Indisë dhe pluhurin djegës. Përziejini gjithçka mirë.

e) Hidhni qumështin e kokosit dhe ujin ose lëngun e perimeve. Ziejeni zierjen.

f) Mbulojeni tenxheren dhe lëreni zierjen e qengjit të gatuhet në zjarr të ulët për rreth 1.5 deri në 2 orë ose derisa mishi të jetë i butë dhe i shijshëm.

g) I rregullojmë me kripë dhe piper sipas shijes.

h) Dekoroni me cilantro të freskët të copëtuar përpara se ta shërbeni.

i) Shërbejeni zierjen e qengjit fijian me oriz të bardhë të gatuar ose roti për një vakt të përzemërt dhe të shijshëm.

33. Fijian Kungull Kale Curry

PËRBËRËSIT:

- 1 filxhan lakër jeshile, të copëtuar
- 2 gota qumësht kokosi
- 2 gota kunguj gjalpë, të prera në kubikë
- 1 lugë gjelle hudhër pluhur
- 1 filxhan qiqra, të njomura gjatë natës
- 1 lugë çaji djegës pluhur
- 1 lugë qimnon pluhur
- 2 gota supë perimesh
- 3 thelpinj hudhër, të prera
- 1 qepë mesatare, e grirë
- 3 lugë vaj ulliri
- 1 lugë çaji piper

UDHËZIME:

a) Në tenxheren e çastit, bashkoni të gjithë përbërësit dhe përzieni mirë.

b) Mbyllni tiganin me kapak dhe ziejini në zjarr të ulët për 6 orë.

c) Përziejini mirë përpara se ta shërbeni.

34. Spinaq Fijian Thjerrëza Curry

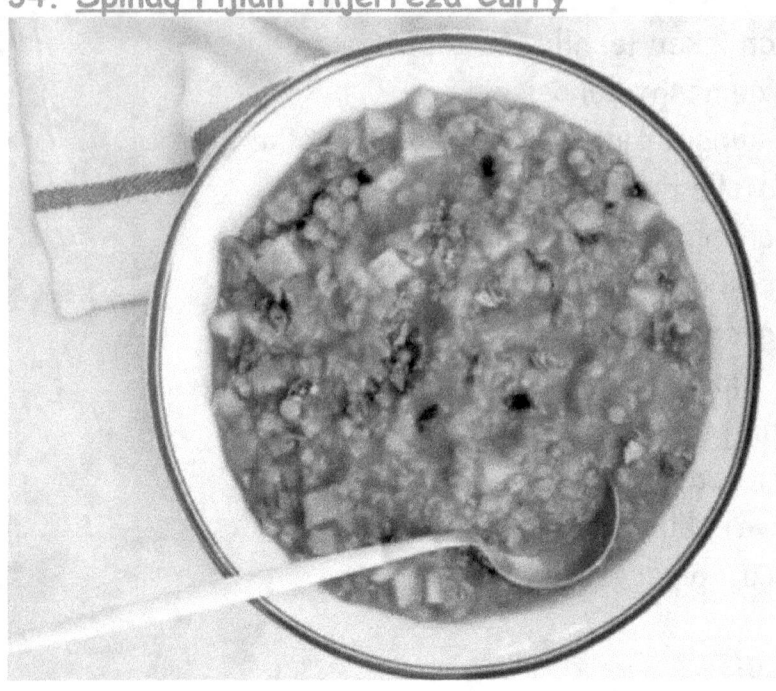

PËRBËRËSIT:

- 4 gota spinaq bebe, të prera
- 1 qepë mesatare, e grirë
- 2 luge vaj ulliri
- 3 gota lëng perimesh
- 3 thelpinj hudhre, te grira
- 1/4 lugë çaji piper kajen
- 1 1/2 filxhan thjerrëza të kuqe, të thara
- 1 lugë çaji koriandër të bluar
- 1 lugë çaji qimnon i bluar
- 1/4 filxhan cilantro, e copëtuar
- 1 patate mesatare, e prerë në kubikë
- 1 lugë çaji shafran i Indisë i bluar
- 1/2 lugë çaji kripë

UDHËZIME:

a) Hidhni vajin në tenxhere dhe ndizni në modalitetin e skuqjes.
b) Kaurdisni qepën për 5 minuta.
c) Shtoni hudhrën dhe gatuajeni edhe për 30 sekonda.
d) Hidhni kajen, shafran i Indisë, koriandër dhe qimnon.
e) Përziejini gjithçka tërësisht.
f) Në një tas të madh përzierës, kombinoni patatet, lëngun e perimeve, thjerrëzat dhe kripën. Përziejini gjithçka tërësisht.
g) Gatuani në nivel të lartë me kapak në tenxhere.
h) Përdorni metodën e lëshimit të shpejtë për të lehtësuar presionin përpara se të hapni kapakun.
i) Hidhni në të cilantron dhe spinaqin.

35. Fixhiane Chipotle Curry

PËRBËRËSIT:

- 1 filxhan thjerrëza kafe; shpëlarë dhe zgjedhur
- 1/2 qepë mesatare; i copëtuar.
- 1/2 piper jeshil mesatar; i copëtuar.
- 1/2 lugë gjelle vaj kanola
- 1 chipotle në salcë adobo
- 1/4 filxhan domate të thara në diell; i copëtuar.
- 1/2 lugë çaji qimnon i bluar
- 1 thelpi hudhër; i copëtuar.
- 1½ lugë gjelle pluhur djegës
- 1 kanaçe (1/4 oz. domate të prera në kubikë
- 2 gota supë perimesh
- Kripë; për shije

UDHËZIME:

a) Fusni qepën dhe specin zile në tenxheren e menjëhershme dhe gatuajeni për 2 minuta në funksionin Sauté.

b) Skuqeni për 1 minutë pasi të keni përzier hudhrën dhe pluhurin e djegës.

c) Mbyllni kapakun dhe shtoni përbërësit e mbetur.

d) Gatuani për 12 minuta në presion të lartë duke përdorur funksionin Manual Function.

e) Shërbejeni me një garniturë me cilantro të copëtuar dhe djathë Cheddar të grirë.

36. Curry Mustardë Fasule Fixhiane

PËRBËRËSIT:
- ½ filxhan ketchup
- ½ lugë vaj ulliri
- 2 luge gjelle melase
- 2 lugë çaji pluhur mustardë
- ¼ lugë çaji piper i zi i bluar
- 1 ½ feta proshutë, të prera
- ½ qepë mesatare, e grirë
- ½ piper jeshil i vogël, i grirë
- 1 ½ kanaçe fasule marine, të shpëlarë dhe të kulluar
- 1 lugë çaji uthull molle
- 2 lugë gjelle cilantro të copëtuar

UDHËZIME:
a) Në tenxheren tuaj të menjëhershme, zgjidhni modalitetin Sauté dhe shtoni vajin, qepën, proshutën dhe piperin për 6 minuta.
b) Mbulojeni kapakun dhe shtoni përbërësit e mbetur.
c) Gatuani për 8 minuta në presion të lartë duke përdorur funksionin Manual.
d) Pas bipit, bëni një lëshim natyral për 10 minuta, më pas një lëshim të shpejtë për të nxjerrë avullin e mbetur.
e) Spërkateni me cilantro të copëtuar.

37. Fasule e Bardhë Fixhiane dhe kerri orizi

PËRBËRËSIT:

- 1 paund. fasule të bardha, të njomura dhe të shpëlarë
- ½ lugë çaji piper i kuq
- ½ lugë çaji shafran i Indisë i bluar
- 1 lugë gjelle pluhur qepë
- 2 lugë çaji hudhër pluhur
- 1-2 lugë çaji kripë
- 1 gjethe dafine
- 6 gota supë perimesh pa kripë
- Oriz i bardhë i zier për ta shërbyer

UDHËZIME:

a) Në tenxheren e çastit, kombinoni të gjithë përbërësit e përmendur përveç orizit të bardhë.

b) Mbulojeni kapakun duke e mbuluar. Sigurohuni që doreza e lirimit të presionit të jetë në pozicionin e mbyllur.

c) Pas zhurmës, bëni një lëshim natyral 20-minutësh.

d) I trazojmë mirë dhe e shërbejmë menjëherë me oriz të bardhë të nxehtë.

38. Kuinoa e Kuqe Fixhiane me patate

PËRBËRËSIT:
- 2 luge vaj
- 1 lugë çaji fara qimnoni
- 1 filxhan quinoa e kuqe, e shpëlarë dhe e kulluar
- 10 gjethe kerri, të prera
- 1 lugë çaji djegës jeshil i nxehtë i grirë
- 1 patate e vogël e kuqe, e prerë në kube ½ inç
- 1½ gote uje
- 1½ lugë çaji kripë kosher
- ½ filxhan kikirikë të pakripur
- Lëng nga 1 limon
- ¼ filxhan cilantro e freskët e copëtuar
- Turshi limoni për servirje
- Kos i thjeshtë për servirje

UDHËZIME:
a) Ngrohni paraprakisht vajin në tenxheren e menjëhershme duke përdorur cilësimin e lartë të Sauté.
b) Gatuani farat e qimnonit në vajin e nxehtë në fund të tenxheres derisa të ziejnë, rreth 1 deri në 2 minuta.
c) Shtoni quinoan, gjethet e kerit dhe djegësin dhe gatuajeni për 2 deri në 3 minuta, ose derisa quinoa të jetë pjekur.
d) Kombinoni patatet, ujin dhe kripën në një tas.
e) Grini anët e tenxheres për të siguruar që e gjithë quinoa të jetë zhytur në ujë.
f) Zgjidhni Gatim me presion ose Manual dhe gatuajeni për 2 minuta në presion të lartë.
g) Në një tigan të vogël, skuqni pak kikirikët për 2 deri në 3 minuta, duke i hedhur rregullisht dhe lërini mënjanë të ftohen.

h) Lejoni që presioni të shpërndahet spontanisht; kjo duhet të zgjasë rreth 10 minuta.

i) Hidhni lëngun e limonit në tenxhere dhe hidhni në të kikirikët.

j) Hidhni khiçdin me lugë në enë, zbukurojeni me cilantro, një copë kos të thjeshtë dhe një turshi limoni dhe shërbejeni.

1.

39. Fijian Curried

PËRBËRËSIT:
- 2 lugë ghee
- ½ lugë çaji fara qimnoni
- 1 qepë e vogël e verdhë, e prerë hollë
- 1 domate kumbulle, të prera dhe të prera në kubikë
- 1 lugë gjelle hudhër të grirë
- 1½ lugë çaji xhenxhefil të freskët të grirë
- 1 filxhan thjerrëza, e shpëlarë
- 1 lugë çaji koriandër të bluar
- ½ lugë çaji pluhur djegës i kuq
- ⅛ lugë çaji shafran i Indisë i bluar
- 2 lugë çaji kripë Kosher
- 3 deri në 4 gota ujë
- 1 lugë gjelle jaggery e grirë
- ½ filxhan cilantro e freskët e copëtuar

UDHËZIME:
a) Ngrohni paraprakisht ghee në tenxheren e menjëhershme duke përdorur cilësimin e lartë Sauté.

b) Gatuajini farat e qimnonit në grykën e nxehur në skajet e poshtme të tenxheres për rreth 1 minutë, ose derisa të fillojnë të kërcasin.

c) Shtoni qepën, domaten, hudhrën dhe xhenxhefilin dhe gatuajeni për 2 minuta, ose derisa domatet të zbuten.

d) Në një tas të madh përzierës, kombinoni thjerrëzat, koriandërin, pluhurin djegës, shafranin e Indisë dhe kripën; shtoni 3 gota ujë dhe përzieni.

e) Zgjidhni Gatim me presion ose Manual dhe gatuajeni për 10 minuta në presion të lartë.

f) Lërini 10 minuta që presioni të relaksohet natyrshëm.

g) Fusni në tenxhere jaggery dhe 1 filxhan ujë të mbetur.

h) Shijoni dhe rregulloni me kripë nëse është e nevojshme. Zgjidhni opsionin Sauté dhe gatuajeni për 5 minuta, ose derisa thjerrëzat të marrin një valë të lehtë.

i) Hidheni në enë dhe sipër me cilantro përpara se ta shërbeni.

40. Kari me bizele fixhiane me sy të zinj

PËRBËRËSIT:

- 1 lugë gjelle vaj vegjetal neutral
- 1 qepë e vogël e verdhë, e prerë hollë
- 1 lugë gjelle hudhër të grirë
- 1½ lugë çaji xhenxhefil të freskët të grirë
- 1 filxhan bizele të thata me sy të zinj, të shpëlarë
- 1 domate kumbulle, të prera dhe të prera në kubikë
- 1½ lugë çaji kripë kosher
- 1 lugë çaji djegës i kuq pluhur
- 1 lugë çaji koriandër të bluar
- ½ lugë çaji qimnon i bluar
- ¼ lugë çaji shafran i Indisë i bluar
- 3 gota ujë
- Oriz i gatuar

UDHËZIME:

a) Ngrohni paraprakisht vajin në tenxheren e menjëhershme duke përdorur cilësimin e lartë të Sauté.

b) Shtoni qepën, hudhrën dhe xhenxhefilin dhe gatuajeni për 2 minuta, ose derisa qepa të fillojë të bëhet e tejdukshme.

c) Hidhni në të bizelet syzeza, domaten, kripën, djegësin pluhur, koriandërin, qimnonin dhe shafranin e Indisë, të ndjekur nga uji.

d) Ngroheni furrën në temperaturë të lartë dhe kaurdisni karin derisa të marrë një valë mesatare, më pas shërbejeni.

41. Kari me qiqra fixhiane

PËRBËRËSIT:
- 1 filxhan qiqra të thata, të shpëlarë
- 3 e gjysmë gota ujë
- 2 lugë ghee
- 1 lugë çaji fara qimnoni
- 1 qepë e verdhë, e prerë hollë
- 1 lugë çaji xhenxhefil të freskët të grirë
- 1 lugë çaji hudhër të grirë
- 1 lugë gjelle koriandër të bluar
- 2 lugë çaji kripë kosher
- 1 deri në 2 lugë çaji pluhur djegës i kuq
- $\frac{1}{4}$ lugë çaji shafran i Indisë i bluar
- 2 domate kumbulla, të prera imët
- $\frac{1}{4}$ lugë çaji garam masala
- $\frac{1}{2}$ filxhan cilantro e freskët e copëtuar

UDHËZIME:
a) Ngrohni paraprakisht ghee në tenxheren e menjëhershme duke përdorur cilësimin e lartë Sauté.

b) Gatuani farat e qimnonit në vajin e nxehtë në skajet e poshtme të tenxheres për rreth 1 minutë, ose derisa të fillojnë të kërcasin.

c) Shtoni qepën dhe ziejini, duke e përzier periodikisht, për rreth 5 minuta, ose derisa të jetë transparente.

d) Shtoni xhenxhefilin dhe hudhrën dhe gatuajeni për 1 minutë, ose derisa të ketë aromë.

e) Hidhni korianderin, kripën, pluhurin djegës, shafranin e Indisë dhe qiqrat, së bashku me 112 gota ujë dhe përziejeni tërësisht me një lugë druri, duke hequr çdo pjesë të skuqur nga fundi i tenxheres.

f) Zgjidhni Gatim me presion ose Manual dhe vendosni kohëmatësin për 35 minuta në presion të lartë.
g) Lëreni 10 deri në 20 minuta që presioni të lirohet natyrshëm.
h) Futni domatet dhe garam masala në tenxhere.
i) Zgjidhni cilësimin e sautit të lartë dhe gatuajeni për 5 minuta, ose derisa domatet të zbuten.
j) Hidheni në enë dhe sipër me cilantro përpara se ta shërbeni.

42. Thjerrëzat e përziera të kokosit Fijian

PËRBËRËSIT:
- ¼ filxhan cilantro e freskët e grirë në mënyrë të trashë
- ¼ filxhan ujë
- 3 lugë arrë kokosi të grirë
- 1 lugë gjelle hudhër të grirë
- 1 lugë çaji djegës të nxehtë jeshil të prerë në kubikë
- 1 lugë çaji xhenxhefil të freskët të grirë
- 2 lugë ghee
- ½ lugë çaji fara mustardë të zezë
- ¼ lugë çaji shafran i Indisë i bluar
- ⅛ lugë çaji asafoetida
- 1 filxhan thjerrëza të ndara të ndryshme, të shpëlarë
- 2 lugë çaji koriandër të bluar
- ½ lugë çaji qimnon i bluar
- Kripë Kosher
- 3 deri në 4 gota ujë
- ½ filxhan cilantro e freskët e copëtuar

UDHËZIME:
a) Për të bërë pastën e erëzave, vendosni cilantron, ujin, kokosin, hudhrën, specin djegës dhe xhenxhefilin në një përpunues të vogël ushqimi dhe pulsoni derisa të formohet një pastë e trashë.

b) Ngrohni ghee në tenxheren e menjëhershme duke përdorur opsionin e Sauté të lartë.

c) Hidhni farat e sinapit në vajin e nxehtë pranë kufijve të fundit të tenxheres dhe skuqini derisa të shpërthejnë.

d) Kombinoni shafranin e Indisë, asafoetida dhe pastën e erëzave dhe shtoni.

e) Në një tas të madh përzierjeje, shtoni thjerrëzat, korianderin, qimnonin dhe 112 lugë gjelle kripë; derdhni në 2 gota ujë dhe përzieni për t'u përzier.

f) Zgjidhni Gatim me presion ose Manual dhe gatuajeni për 10 minuta në presion të lartë.

g) Zgjidhni opsionin Sauté të lartë dhe gatuajeni për 4 deri në 5 minuta, ose derisa dalja të marrë një valë të moderuar.

h) Vendosni ushqimin në tavolinë.

1.

43. Kerri supë me domate dhe panxhar fixhiane

PËRBËRËSIT:

- 4 domate kumbulla, me bërthama dhe të prera në katër pjesë
- 2 karota, të qëruara dhe të prera në feta
- 1 panxhar i qëruar dhe i prerë në kubikë
- ½ lugë çaji qimnon i bluar
- Shkop kanelle 2 inç
- 2 lugë çaji pluhur kerri
- Kripë Kosher
- 3 gota ujë
- 2 lugë gjelle pluhur shigjete
- ½ lugë çaji piper i zi i freskët i bluar
- 2 gota krutona

UDHËZIME:

a) Në tenxheren e menjëhershme, kombinoni domatet, karotat, panxharin, qimnonin, shkopin e kanellës, pluhurin e kerit, kripën dhe ujin.
b) Gatuani në presion të lartë për 10 minuta.
c) Hiqeni shkopin e kanellës nga tenxherja dhe lëreni mënjanë.
d) Pure supën me një blender zhytjeje derisa të jetë plotësisht e lëmuar.
e) Hidhni ngadalë pluhurin e shigjetës duke e përzier vazhdimisht.
f) Shtoni piperin dhe përziejini për t'u bashkuar, më pas shijoni dhe kriposni nëse është e nevojshme.
g) Ngroheni furrën në temperaturë të lartë dhe skuqeni supën derisa të marrë një valë të lehtë.
h) Spërkateni me krutona dhe shërbejeni menjëherë.

44. Fixhiane me kungull dhe kokos

PËRBËRËSIT:

- 1½ kile kungull të qëruar dhe të prerë në kubikë
- ½ filxhan qepë të verdhë të prerë në kubikë
- 4 thelpinj hudhër, të qëruara
- 1 kanaçe qumësht kokosi me pak yndyrë
- 1 filxhan supë perimesh me pak natrium
- 1 luge vaj ulliri
- 1½ lugë çaji kripë kosher
- 1 lugë çaji garam masala
- 1 majë piper kajen

UDHËZIME:

a) Në tenxheren e menjëhershme, kombinoni kungullin, qepën, hudhrën, qumështin e kokosit, lëngun e perimeve, vajin e ullirit dhe kripën dhe përzieni për t'u bashkuar.

b) Zgjidhni Gatim me presion ose Manual dhe vendosni kohëmatësin për 8 minuta në presion të lartë.

c) Zhvendosni lëshimin e presionit në ventilim për të kryer një lëshim të shpejtë. Hapeni tenxheren dhe bëjeni pure supën me një blender zhytjeje derisa të jetë homogjene.

d) Shtoni garam masala dhe piperin e kuq dhe përziejini që të kombinohen.

e) Hidheni supën në enë, zbukurojeni me një majë garam masala dhe kajen dhe shërbejeni menjëherë.

45. Supë me lulelakër me shafran të Indisë Fixhiane

PËRBËRËSIT:
- 1 luge vaj ulliri
- 1 qepë e verdhë, e prerë në feta
- 1 lugë çaji fara kopër
- 3 gota lulelakër lulesh
- 2 domate kumbulla, të prera dhe të prera në kubikë
- 1 patate e grirë, e prerë në kubikë
- 6 thelpinj hudhër, të qëruara
- 1 lugë çaji xhenxhefil të freskët të grirë
- 3 gota ujë, plus më shumë sipas nevojës
- 20 shqeme të papërpunuara
- $\frac{1}{4}$ lugë çaji shafran i Indisë i bluar
- 1 lugë çaji koriandër të bluar
- 1 lugë çaji qimnon i bluar
- 1 lugë çaji kripë kosher
- $\frac{1}{2}$ lugë çaji garam masala
- $\frac{1}{4}$ filxhan cilantro e freskët e copëtuar
- $\frac{1}{4}$ lugë çaji piper kajen

UDHËZIME:
a) Ngrohni paraprakisht vajin e ullirit në tenxheren e menjëhershme duke përdorur opsionin Sauté.

b) Shtoni qepën dhe farat e koprës dhe ziejini për 1 minutë, ose derisa të kenë aromë.

c) Në një tas të madh përzierjeje, kombinoni lulelakrën, domatet, patatet, hudhrën dhe xhenxhefilin.

d) Në një tas të madh përzierjeje, shtoni ujin, shqeme, shafran i Indisë, koriandër, qimnon dhe kripë.

e) a) Zgjidhni Gatim me presion ose Manual dhe gatuajeni për 10 minuta në presion të ulët.

f) Përzieni supën derisa të bëhet e butë dhe kremoze, më pas shtoni garam masala.

g) Zgjidhni opsionin Sauté dhe gatuajeni për 5 minuta, ose derisa supa të marrë një valë të butë.

h) Hidheni supën në tasa, sipër me cilantro dhe pak garam masala dhe piper kajen dhe shërbejeni menjëherë.

46. Zierje me mish qengji Fixhian

PËRBËRËSIT:
- 2 lugë vaj vegjetal neutral
- Shkop kanelle 2 inç
- 2 gjethe dafine indiane
- 20 kokrra piper te zi
- 4 bishtaja kardamom jeshile
- $1\frac{1}{2}$ paund shpatull qengjit pa kocka
- 2 qepë të verdha, secila e prerë në 8 copa
- 2 karota
- 2 patate të mëdha të verdha
- 3 djegës të kuq të tharë
- 1 lugë gjelle kripë kosher
- 1 lugë çaji djegës i kuq pluhur
- $\frac{1}{2}$ filxhan ujë
- $\frac{1}{4}$ filxhan cilantro e freskët e copëtuar

UDHËZIME:
a) Ngrohni paraprakisht vajin në tenxheren e menjëhershme duke përdorur cilësimin e lartë të Sauté.

b) Skuqini shkopin e kanellës, gjethet e dafinës, kokrrat e piperit dhe kardamonin për 1 minutë ose derisa të jenë aromatike.

c) Shtoni copat e qengjit dhe ziejini për 2 deri në 3 minuta, duke e kthyer secilën pjesë disa herë, derisa të skuqet lehtë.

d) Hidhni qepët, karotat, patatet, specat djegës, kripën dhe pluhurin djegës, të ndjekur nga uji.

e) a) Zgjidhni Mish/Merak si modalitet gatimi dhe vendosni kohëmatësin për 35 minuta në presion të lartë.

f) Lërini 10 minuta që presioni të relaksohet natyrshëm.

g) Zgjidhni cilësimin e lartë të Sauté dhe ziejini për rreth 5 minuta, ose derisa zirja të fillojë të trashet.

h) Për të fikur Instant Pot, shtypni Cancel. Ndërsa zierja ftohet, do të trashet edhe më shumë.

i) Hidhni zierjen në pjata, sipër me cilantro dhe shërbejeni menjëherë.

47. Supë me thjerrëza të kuqe Fijian

PËRBËRËSIT:

- 1 qepë e verdhë, e prerë hollë
- 1 karotë, e qëruar dhe e prerë në feta
- 1 filxhan domate të prera në kubikë të konservuar me lëng
- 1 filxhan thjerrëza të shpëlarë
- 2 lugë hudhër të grirë
- 1 lugë çaji djegës i kuq pluhur
- 1 lugë çaji koriandër të bluar
- ½ lugë çaji qimnon i bluar
- ½ lugë çaji garam masala
- ¼ lugë çaji shafran i Indisë i bluar
- 3 gota supë perimesh me pak natrium
- 1 gotë ujë
- Kripë Kosher
- 2 grushta të mëdha spinaq bebe
- ¼ filxhan cilantro e freskët e copëtuar
- 4 deri në 6 copa limoni

UDHËZIME:

a) Në tenxheren e menjëhershme, kombinoni qepën, karrotën, domatet dhe lëngun e tyre, thjerrëzat, hudhrën, pluhurin e djegës, koriandërin, qimnonin, Garam masala dhe shafranin e Indisë.

b) Hidhni lëngun e perimeve dhe përzieni mirë.

c) Zgjidhni Gatim me presion ose Manual dhe vendosni kohëmatësin për 8 minuta në presion të lartë.

d) Lëreni presionin të lirohet natyrshëm për 10 minuta.

e) Hiqni kapakun nga tenxherja. Duke përdorur pjesën e pasme të një luge, shtypni thjerrëzat në temperaturën e lartë të Sauté.

f) Përziejeni ujin, shijojeni dhe e rregulloni me kripë nëse është e nevojshme.

g) Shtoni spinaqin dhe ziejini, duke e përzier herë pas here, derisa supa të marrë një valë të lehtë.

h) Hidhni me lugë në tas, sipër me cilantro dhe shërbejeni menjëherë me një shtrydhje limoni.

48. Curry pule me gjalpë Fijian

PËRBËRËSIT:

- 2 lugë ghee
- 1 qepë e verdhë e madhe, e prerë hollë
- 2 kilogramë pa kocka kofshët e pulës
- 1 filxhan pure domate të konservuar
- ½ filxhan ujë
- 1 lugë gjelle xhenxhefil të freskët të grirë
- 1 lugë gjelle hudhër të grirë
- 2 lugë çaji pluhur djegës të kuq
- 2 lugë çaji kripë kosher
- 1 lugë çaji garam masala
- ½ lugë çaji shafran i Indisë i bluar
- ½ filxhan krem kokosi të konservuar
- 2 lugë pastë domate
- 2 lugë gjelle gjethe fenugreku të thata
- 2 lugë çaji sheqer
- ½ filxhan cilantro e freskët e copëtuar
- 2 gota oriz basmati të gatuar

UDHËZIME:

a) Ngrohni paraprakisht ghee në tenxheren e menjëhershme duke përdorur cilësimin e lartë Sauté.

b) Shtoni qepën dhe ziejini për 4 deri në 5 minuta, ose derisa të jetë transparente.

c) Në një tas të madh përzierjeje, shtoni pulën, purenë e domates, ujin, xhenxhefilin, hudhrën, pluhurin e kilit, kripën, garam masala dhe shafranin e Indisë.

d) Në një tas të madh përzierjeje, shtoni kremin e kokosit, pastën e domates, fenugreek dhe sheqerin.

e) Duke përdorur cilësimin e lartë të Sauté, gatuajeni për rreth 2 minuta ose derisa kerri të marrë valë dhe të nxehet plotësisht.

f) Hidhni orizin me lugë në pjata dhe sipër me karin.

g) Dekoroni me cilantro përpara se ta shërbeni.

49. djegës pule të grirë Fijian

PËRBËRËSIT:

- 2 lugë vaj vegjetal neutral
- 1 lugë çaji fara qimnoni
- 1 qepë e verdhë e madhe, e prerë hollë
- 1 kile pule e bluar
- 1 lugë gjelle xhenxhefil të freskët të grirë
- 1 lugë gjelle hudhër të grirë
- 2 lugë çaji pluhur djegës të kuq
- 1½ lugë çaji kripë kosher
- ½ lugë çaji shafran i Indisë i bluar
- 2 domate kumbulla, të prera dhe të prera në kubikë të imët
- 1 patate e verdhe
- ¼ filxhan ujë
- 2 lugë gjelle koriandër të bluar
- 1 lugë çaji garam masala
- ½ filxhan cilantro e freskët e copëtuar

UDHËZIME:

a) Ngrohni paraprakisht vajin në tenxheren e menjëhershme duke përdorur opsionin Sauté.

b) Shtoni farat e qimnonit dhe ngrohini për 1 minutë, ose derisa të fillojnë të kërcasin.

c) Shtoni qepën dhe gatuajeni për 4 deri në 5 minuta, ose derisa të jetë e butë dhe transparente.

d) Gatuani, duke e copëtuar pulën me xhenxhefil, hudhër, pluhur djegës, kripë dhe shafran të Indisë.

e) Hidhni domatet, patatet dhe ujin me një lugë druri, duke gërvishtur grimcat e skuqura nga fundi i tenxheres.

f) Shtoni korianderin dhe garam masala në përzierje.

g) Zgjidhni Gatim me presion ose Manual dhe gatuajeni për 4 minuta në presion të lartë.
h) Lëreni presionin të lirohet natyrshëm për 10 minuta.
i) Shtoni cilantron dhe shërbejeni.

50. me pule dhe spinaq Fijian

PËRBËRËSIT:

- 2 lugë vaj vegjetal neutral
- ½ lugë çaji fara qimnoni
- 4 karafil
- 10 kokrra piper te zi
- 1 qepë e verdhë, e prerë hollë
- 1 deri në 2 lugë çaji djegës jeshil të nxehtë të grirë
- 2 lugë çaji xhenxhefil të freskët të grirë
- 2 lugë çaji hudhër të grirë
- 1½ kilogram gjoks ose kofshë pule
- ½ filxhan pure domate të konservuar
- 2 lugë ujë
- 1½ lugë çaji kripë kosher
- ¼ lugë çaji shafran i Indisë i bluar
- ½ lugë çaji garam masala
- 2 gota oriz të gatuar

UDHËZIME:

a) Ngrohni vajin në temperaturën e lartë të Sauté.

b) Gatuani për 30 sekonda, ose derisa farat e qimnonit, karafili dhe kokrrat e piperit të jenë të thekur.

c) Përzieni qepën dhe specin djegës dhe gatuajeni derisa qepa të jetë transparente, rreth 5 minuta.

d) Shtoni xhenxhefilin dhe hudhrën, përzieni për t'u përfshirë dhe gatuajeni për 1 minutë, ose derisa të ketë aromë.

e) Në një tas të madh përzierjeje, bashkoni pulën, purenë e domates, ujin, kripën, shafranin e Indisë dhe Garam masala, duke i trazuar mirë me një lugë druri për të hequr çdo pjesë të skuqur nga fundi i tenxheres.

f) Zgjidhni opsionin Sauté të lartë. Hidhni spinaqin dhe përziejini mirë.
g) Hidhni orizin me lugë në pjata dhe sipër me karin.
h) Shërbejeni menjëherë.
1.

51. Fijian Curried

PËRBËRËSIT:

- 1 kanaçe qumësht kokosi
- 1 lugë gjelle vaj kokosi
- 1 qepë e verdhë, e prerë hollë
- 6 karafil
- 4 bishtaja kardamom jeshile
- Shkop kanelle 2 inç
- 4 speca djegës të vegjël të gjelbër të nxehtë, të përgjysmuar
- 15 gjethe kerri
- 2 lugë çaji xhenxhefil të freskët të grirë
- 2 lugë çaji hudhër të grirë
- 2 domate kumbulla, të prera në feta
- $\frac{1}{2}$ lugë çaji shafran i Indisë i bluar
- $1\frac{1}{2}$ paund karkaleca me bisht
- 1 lugë çaji kripë kosher
- $\frac{1}{4}$ filxhan cilantro e freskët e copëtuar
- Oriz në avull për servirje

UDHËZIME:

a) Ngrohni paraprakisht vajin e kokosit në tenxheren e çastit në cilësinë e lartë të Sauté.

b) Kaurdisni qepën, karafilin, kardamonin dhe shkopin e kanellës derisa qepa të zbutet dhe të bëhet e tejdukshme, rreth 5 minuta.

c) Shtoni specin djegës, gjethet e kerit, xhenxhefilin dhe hudhrën dhe gatuajeni për 1 minutë ose derisa të ketë aromë.

d) Në një tas të madh përzierjeje, shtoni domatet, shafranin e Indisë dhe karkalecat. Përzieni edhe një herë ujin e kokosit dhe kripën.

e) Zgjidhni Gatim me presion ose Manual dhe gatuajeni për 2 minuta në presion të ulët.

f) Hiqni kapakun nga tenxherja, shtoni kremin e kokosit dhe sipër lyeni me cilantro.

g) Shërbejeni karkalecat me oriz të zier në avull në një tas për servirje.

52. Fijian Lamb vindaloo Fusion

PËRBËRËSIT:

- ¼ filxhan uthull vere të bardhë
- 4 lugë gjelle Mish qengji Vindaloo Spice Blend
- 2 lugë hudhër të grirë
- 1 lugë gjelle xhenxhefil të freskët të grirë
- 3 lugë çaji kripë kosher
- 2 paund shpatull qengjit pa kocka
- ¼ filxhan ghy
- 1 lugë çaji fara mustardë të zezë
- 1 qepë e verdhë e madhe, e prerë hollë
- ½ filxhan ujë
- 1 patate e madhe e verdhë, e qëruar
- 2 lugë djegës të kuq pluhur
- 1 lugë gjelle sheqer kaf
- 1 lugë gjelle pastë koncentrat tamarindi
- ⅛ lugë çaji shafran i Indisë i bluar
- spec i kuq
- ½ filxhan cilantro e freskët e copëtuar
- Oriz në avull për servirje
- 8 parata për servirje

UDHËZIME:

a) Në një tas, përzieni uthullën, përzierjen e erëzave, hudhrën, xhenxhefilin dhe 2 lugë kripë.

b) Hidheni mishin e qengjit dhe kthejeni të lyhet në mënyrë të barabartë.

c) Ngrohni ghee në tenxheren e menjëhershme duke përdorur opsionin e Sauté të lartë.

d) Shtoni farat e mustardës në ghee të nxehtë në fund të tenxheres dhe gatuajeni për 2 deri në 3 minuta, ose derisa të fillojnë të skuqen.

e) Shtoni qepën dhe 1 lugë çaji të mbetur kripë dhe gatuajeni për 5 minuta, ose derisa qepa të jetë transparente. Hidhni mishin e marinuar derisa gjithçka të jetë e kombinuar mirë.

f) Shtoni ujin dhe përziejini mirë me një lugë druri.

g) Mbi mishin e qengjit rregulloni kubikët e patates; mos kombinoni.

h) Zgjidhni Gatim me presion ose Manual dhe gatuajeni për 20 minuta në presion të lartë.

i) Lëreni 15 minuta që presioni të relaksohet natyrshëm.

j) Në një tas të madh përzierjeje, kombinoni pluhurin e kilit, sheqerin kaf, pastën e tamarindit, shafranin e Indisë dhe piperin e kuq.

k) Zgjidhni cilësimin e lartë të Sauté dhe gatuajeni për 1 minutë për të kombinuar erëzat.

l) Hidhni kerri në pjata dhe sipër me cilantro.

53. Kari i viçit të kokosit fijian

PËRBËRËSIT:

- 1 ½ paund. mish viçi, prerë në copa
- ½ filxhan borzilok, i prerë në feta
- 2 lugë sheqer kaf
- 2 lugë salcë peshku
- ¼ filxhan lëng pule
- ¾ filxhan qumësht kokosi
- 2 lugë pastë kerri
- 1 qepë, e prerë në feta
- 1 spec zile, i prerë në feta
- 1 patate e embel

UDHËZIME:

a) Në tenxheren e çastit, bashkoni të gjithë përbërësit përveç borzilokut dhe përzieni mirë.

b) Gatuani në temperaturë të lartë për 15 minuta pasi e mbyllni tenxheren me kapak.

c) Lëreni presionin të lirohet natyrshëm përpara se të hapni kapakun.

d) Shtoni borzilokun dhe përzieni mirë.

e) Shërbejeni.

ANËT DHE SALATAT

54. Roti (Bukë e sheshtë Fixhiane)

PËRBËRËSIT:
- 2 gota miell për të gjitha përdorimet
- 1/2 lugë kripë
- Uji

UDHËZIME:
a) Në një enë bashkojmë miellin dhe kripën.
b) Shtoni gradualisht ujin dhe gatuajeni derisa të formohet një brumë i butë dhe jo ngjitës.
c) Ndani brumin në pjesë të madhësisë së topit të golfit dhe rrotullojeni në rrathë të hollë.
d) Nxehni një tigan ose tigan mbi nxehtësinë mesatare-të lartë.
e) Gatuani rotin në një tigan të nxehtë për rreth 1-2 minuta nga secila anë, ose derisa të fryhen dhe të shfaqen njolla kafe.
f) Shërbejeni me chutney ose kerri që keni zgjedhur.

55. Kokos dhe Cassava Fijian i zier me avull

PËRBËRËSIT:

- 1 lb kasavë, e qëruar dhe e prerë në copa
- 1 filxhan qumësht kokosi
- 1/4 filxhan ujë
- 1 lugë gjelle sheqer (opsionale, rregullojeni sipas shijes)
- Një majë kripë

UDHËZIME:

a) Në një tenxhere të madhe ose tenxhere me avull, shtoni copat e kasavës dhe ziejini në avull në zjarr mesatar për rreth 15-20 minuta ose derisa të zbuten dhe të gatuhen.

b) Në një tenxhere të veçantë, përzieni qumështin e kokosit, ujin, sheqerin (nëse përdorni) dhe pak kripë.

c) Ngroheni përzierjen e qumështit të kokosit në zjarr të ulët derisa të ngrohet, por jo të vlojë.

d) Hiqeni kasavën e zier në avull nga tenxherja ose avulli dhe kalojini në një enë për servirje.

e) Hidhni përzierjen e ngrohtë të qumështit të kokosit mbi kasavën e zier me avull.

f) Shërbejeni kokosin me avull Fijian dhe Cassava si një pjatë anësore të këndshme dhe ngushëlluese.

56. Gjethet e taros të ziera Fijian dhe krem kokosi

PËRBËRËSIT:

- 1 tufë gjethe taro të freskëta, të lara dhe të prera
- 1 kanaçe (400 ml) krem kokosi
- 1 qepë e grirë hollë
- 2 thelpinj hudhre, te grira
- 1-2 speca djegës të kuq, të pastruar dhe të prerë (sipas dëshirës)
- Kripë dhe piper për shije

UDHËZIME:

a) Në një tenxhere të madhe vendosim ujin të vlojë dhe shtojmë gjethet e copëtuara të taros.

b) Ziejini gjethet për rreth 15-20 minuta ose derisa të zbuten.

c) Kulloni ujin dhe lërini mënjanë gjethet e ziera.

d) Në të njëjtën tenxhere ngrohim pak vaj në zjarr mesatar dhe kaurdisim qepën e grirë, hudhrën dhe specat djegës derisa qepët të jenë të tejdukshme dhe aromatike.

e) Shtoni në tenxhere gjethet e ziera të taros dhe përziejini mirë me përbërësit e kaurdisur.

f) Hidhni kremin e kokosit dhe përziejeni që të bashkohet.

g) I rregullojmë me kripë dhe piper sipas shijes dhe e lëmë masën të ziejë në zjarr të ulët për 5-10 minuta.

h) Shërbejeni të nxehtë si një pjatë anësore tradicionale fixhiane me oriz ose pjata të tjera kryesore.

57. Rrushi i detit Fijian

PËRBËRËSIT:
- Rrush deti i freskët
- Gëlqere ose copa limoni, për servirje

UDHËZIME:

a) Shpëlajeni rrushin e freskët të detit nën ujë të ftohtë të rrjedhshëm për të hequr çdo rërë ose mbeturina.

b) Thajeni rrushin e detit me një peshqir të pastër kuzhine ose peshqir letre.

c) Shërbejeni Rrapin e Detit Fijian si një rostiçeri ose pjatë anësore freskuese dhe ushqyese, së bashku me gëlqere ose copa limoni për aromë të shtuar.

58. Patëllxhan i pjekur Fijian me barishte

PËRBËRËSIT:
- 2 patëllxhanë të mëdhenj
- 2 lugë vaj vegjetal
- 2 thelpinj hudhre, te grira
- 1 lugë gjelle gjethe trumze të freskëta të copëtuara
- 1 lugë gjelle gjethe rozmarine të freskëta të copëtuara
- Kripë dhe piper për shije
- Copa limoni, për servirje

UDHËZIME:
a) Ngrohni furrën tuaj në 400°F (200°C).
b) Pritini patëllxhanët përgjysmë për së gjati dhe copëtoni mishin me thikë në një model të kryqëzuar.
c) Vendosni gjysmat e patëllxhanit në një fletë pjekjeje, me anën e mishit lart.
d) Në një tas të vogël, përzieni vajin vegjetal, hudhrën e grirë, trumzën e freskët të copëtuar dhe rozmarinën e freskët të copëtuar.
e) Lyejeni përzierjen e vajit dhe barishteve mbi mishin e gjysmave të patëllxhanit.
f) E rregullojmë patëllxhanin me kripë dhe piper sipas shijes.
g) Pjekim patëllxhanin në furrën e parangrohur për rreth 25-30 minuta ose derisa mishi të bëhet i butë dhe të marrë ngjyrë kafe të artë.
h) Hiqeni patëllxhanin e pjekur nga furra dhe lëreni të ftohet pak.
i) Shërbejeni patëllxhanin e pjekur Fixhian me barishte me copa limoni anash për t'i shtrydhur mbi patëllxhanë.

59. Sallatë me peshk të papërpunuar Fixhian (Kokoda)

PËRBËRËSIT:

- 1 lb fileto peshku të bardhë të fortë, të prera në kubikë (të tilla si snapper ose mahi-mahi)
- 1 filxhan krem kokosi
- 1/4 filxhan lëng gëlqereje të freskët të shtrydhur
- 1 kastravec i qëruar dhe i prerë në kubikë
- 1 domate e prerë në kubikë
- 1 qepë e vogël, e grirë hollë
- 1 piper i vogël djegës i kuq, i grirë imët (opsionale, për nxehtësi të shtuar)
- Kripë dhe piper për shije
- Cilantro i freskët i copëtuar, për zbukurim
- Oriz i bardhë i gatuar ose patate të skuqura taro, për servirje

UDHËZIME:

a) Në një tas, kombinoni peshkun e prerë në kubikë, kremin e kokosit dhe lëngun e freskët të lime. Sigurohuni që peshku të jetë plotësisht i mbuluar në përzierje.
b) Mbulojeni enën me mbështjellës plastik dhe vendoseni në frigorifer për rreth 2 orë, ose derisa peshku të "zihet" në lëngun e agrumeve. Acidi në lëngun e gëlqeres do ta "gatojë" butësisht peshkun, duke i dhënë atij një strukturë të ngjashme me ceviche.
c) Pasi peshku të jetë marinuar, kullojeni lëngun e tepërt nga tasi.
d) Peshkut të marinuar shtoni kastravecin e prerë në kubikë, domaten, qepën e grirë hollë dhe specin djegës të kuq (nëse përdorni). Përziejini gjithçka së bashku butësisht.

e) Sezoni sallatën e peshkut të papërpunuar Fijian (Kokoda) me kripë dhe piper për shije.

f) Dekoroni me cilantro të freskët të copëtuar përpara se ta shërbeni.

g) Shërbejeni sallatën e peshkut të papërpunuar Fijian me oriz të bardhë të gatuar ose patate të skuqura taro për një pjatë të këndshme dhe freskuese me ushqim deti.

60. Roti i kokosit fixhian

PËRBËRËSIT:
- 2 gota miell për të gjitha përdorimet
- 1 filxhan kokos të tharë (pa ëmbëlsirë)
- 2 luge sheqer
- 1/2 lugë çaji kripë
- 2 lugë gjalpë, i shkrirë
- 1 filxhan ujë të ngrohtë (afërsisht)

Udhëzime:
a) Në një tas, kombinoni miellin për të gjitha përdorimet, kokosin e tharë, sheqerin dhe kripën.
b) Tek përbërësit e thatë shtoni gradualisht gjalpin e shkrirë dhe përziejini mirë. Përzierja duhet të ngjajë me thërrime të trashë.
c) Ngadalë shtojmë ujin e ngrohtë, nga pak dhe e përziejmë brumin derisa të bashkohet. Mund t'ju duhet pak më shumë ose më pak se një filxhan ujë, kështu që shtoni gradualisht. Brumi duhet të jetë i butë dhe i lakueshëm.
d) Ndani brumin në pjesë të barabarta dhe rrotullojeni në topa.
e) Nxehni një tigan ose një tigan që nuk ngjit mbi nxehtësinë mesatare.
f) Merrni një nga topat e brumit dhe vendoseni në një sipërfaqe të pastër dhe të lyer me miell. Rrotulloni atë në një roti të hollë dhe të rrumbullakët duke përdorur një okllai. Mund t'i bëni të holla ose të trasha sa të doni.
g) Transferoni me kujdes rotin e mbështjellë në tigan ose tigan të nxehtë. E gatuajmë për rreth 1-2 minuta nga secila anë ose derisa të fryhet pak dhe të ketë njolla kafe

të artë. Nëse dëshironi, mund të lyeni me pak gjalpë në secilën anë.

h) Përsëriteni procesin e rrotullimit dhe gatimit për topat e mbetur të brumit.

i) Shërbejeni Rotin e Kokosit Fijian të nxehtë, ose më vete ose me kerin, chutney ose dip tuaj të preferuar.

61. Sallatë me papaja jeshile fixhiane

PËRBËRËSIT:

- 1 papaja jeshile, e qëruar dhe e grirë
- 1 karotë, e qëruar dhe e grirë
- 1/4 filxhan kokos të grirë
- 1/4 filxhan kikirikë, të pjekur dhe të grimcuar
- 2-3 thelpinj hudhër, të grira
- 1-2 speca djegës të kuq, të grira hollë (përshtateni sipas preferencës tuaj të erëzave)
- Lëng nga 2 lime
- Kripë dhe sheqer për shije

UDHËZIME:

a) Në një tas të madh, kombinoni papajan e grirë, karrotën, kokosin dhe kikirikët.

b) Në një tas të veçantë, përzieni hudhrën e grirë, specat djegës të grirë, lëngun e limonit, kripën dhe sheqerin.

c) Hidhni salcën mbi sallatë dhe përzieni mirë.

d) Lëreni sallatën të marinohet për rreth 15-20 minuta përpara se ta shërbeni.

62. Sallatë fijiane me ananas dhe kastravec

PËRBËRËSIT:
- 1 filxhan copa ananasi të freskët
- 1 kastravec i prerë në feta
- 1/4 qepë e kuqe, e prerë hollë
- Gjethet e freskëta të cilantros
- Lëng nga 1 lime
- Kripë dhe piper për shije

UDHËZIME:
a) Në një tas sallate, kombinoni copat e freskëta të ananasit, fetat e kastravecit dhe qepën e kuqe të prerë hollë.

b) Shtrydhni lëngun e limonit mbi sallatë dhe lyejeni me kripë dhe piper.

c) Përziejini përbërësit dhe zbukurojeni me gjethe të freskëta të cilantros.

63. Taro me krem Fijian (Taro në krem kokosi)

PËRBËRËSIT:

- 2 gota taro, të qëruara dhe të prera në kubikë
- 1 filxhan krem kokosi
- 1/4 filxhan ujë
- 2-3 thelpinj hudhër, të grira
- Kripë dhe piper për shije

UDHËZIME:

a) Në një tenxhere, kombinoni taron të prerë në kubikë, kremin e kokosit, ujin dhe hudhrën e grirë.
b) I rregullojmë me kripë dhe piper.
c) Ziejini në zjarr të ulët, duke e përzier herë pas here, derisa taro të zbutet dhe kremi i kokosit të trashet.
d) Shërbejeni këtë pjatë kremoze taro fixhiane si shtesë, shpesh e shoqëruar me peshk ose mish të pjekur në skarë.

KODIMENTET

64. Tamarind Chutney pikante Fixhiane

PËRBËRËSIT:

- 1 filxhan tul tamarindi
- 1/2 filxhan sheqer kaf
- 1/4 filxhan ujë
- 2-3 thelpinj hudhër, të grira
- 1-2 speca djegës të kuq, të grira hollë (përshtateni sipas preferencës tuaj të erëzave)
- Kripë për shije

UDHËZIME:

a) Në një tenxhere, kombinoni tulin e tamarindës, sheqerin kaf, ujin, hudhrën e grirë dhe specat djegës të grirë.

b) Gatuani në zjarr të ulët, duke e përzier vazhdimisht, derisa masa të trashet dhe sheqeri të tretet.

c) I rregullojmë me kripë për shije.

d) Lëreni chutney-n të ftohet dhe më pas shërbejeni si një meze pikante fixhiane. Ajo shoqërohet mirë me ushqime të skuqura ose të pjekura në skarë.

65. Pastë me xhenxhefil-hudhër

PËRBËRËSIT:

- 1 (10 centimetra) copë rrënjë xhenxhefili, e qëruar dhe e prerë
- 12 thelpinj hudhër, të qëruara dhe të prera
- 1 lugë gjelle ujë

UDHËZIME:

a) Përpunoni të gjithë përbërësit në një procesor ushqimi derisa të keni një konsistencë të ngjashme me pastën.

66. Salcë me spec djegës Fijian (Buka, Buka)

PËRBËRËSIT:

- 10-12 speca djegës të kuq (rregulloni numrin për nxehtësinë e dëshiruar)
- 2 thelpinj hudhre, te grira
- 1/4 filxhan uthull
- Kripë për shije

UDHËZIME:

a) Hiqni bishtat nga specat djegës dhe grijini ato përafërsisht.

b) Në një blender ose procesor ushqimi, kombinoni specat djegës, hudhrën e grirë, uthullën dhe pak kripë.

c) Përziejini derisa të arrini një salcë të butë.

d) Ruajeni salcën me spec djegës në një shishe ose kavanoz dhe përdorni atë për të shtuar pak nxehtësi të zjarrtë në pjatat tuaja fixhiane.

67. Dip Tamarind Fijian

PËRBËRËSIT:
- 1/2 filxhan tul tamarindi
- 1/4 filxhan ujë
- 2 lugë sheqer
- 1/2 lugë çaji pluhur qimnoni
- 1/2 lugë çaji djegës të kuq pluhur (përshtateni sipas preferencës suaj të erëzave)
- Kripë për shije

UDHËZIME:
a) Në një tenxhere të vogël bashkojmë tulin e marinës dhe ujin. E ngrohim në zjarr të ulët dhe e përziejmë derisa tamarinda të zbutet.

b) Hiqeni nga zjarri dhe kullojeni përzierjen e tamarindës në një tas për të hequr farat dhe fibrat.

c) Shtoni sheqer, pluhur qimnoni, pluhur djegës të kuq dhe kripë në koncentratin e tamarindës. Përziejini mirë.

d) Lëreni zhytjen e tamarindës të ftohet përpara se ta shërbeni. Është një erëz i shijshëm dhe pikant, i përsosur për t'u kombinuar me snacks ose pjatat kryesore.

68. Sambal i kokosit fixhian

PËRBËRËSIT:
- 1 filxhan kokos të sapo grirë
- 1/2 filxhan qepë të kuqe të prerë në kubikë
- 1-2 speca djegës të kuq, të grira hollë (përshtateni sipas preferencës tuaj të erëzave)
- 2 thelpinj hudhre, te grira
- Lëng nga 1 lime
- Kripë për shije

UDHËZIME:
a) Në një tas, kombinoni kokosin e sapo grirë, qepën e kuqe të prerë në kubikë, specat e kuq djegës të copëtuar dhe hudhrën e grirë.

b) Shtrydhni lëngun e limonit mbi përzierjen dhe kriposeni.

c) Përziejini gjithçka dhe lëreni të qëndrojë për disa minuta në mënyrë që shijet të bashkohen.

d) Shërbejeni sambalin e kokosit si një erëz freskuese me pjata të ndryshme fixhiane.

69. Salcë gjethesh taro fixhiane (Rourou Vakasoso)

PËRBËRËSIT:
- 1 tufë gjethe taro, të lara dhe të prera
- 1/2 qepë, e grirë hollë
- 2 thelpinj hudhre, te grira
- 1/2 filxhan krem kokosi
- Kripë dhe piper për shije

UDHËZIME:
a) Në një tenxhere kaurdisim qepën e grirë hollë dhe hudhrën e grirë derisa të marrin aromë.
b) Shtoni gjethet e copëtuara të taros dhe skuqini për disa minuta derisa të zbehen.
c) Përzieni kremin e kokosit, kripën dhe piperin. Ziejini derisa salca të trashet dhe gjethet e taros të jenë të buta.
d) Shërbejeni salcën e gjetheve taro si një erëza tradicionale fixhiane së bashku me oriz ose perime rrënjë.

70. Mango turshi Fixhiane (Toroi)

PËRBËRËSIT:

- 2 mango jeshile (të papjekura), të qëruara dhe të prera në kubikë
- 1/2 qepë të kuqe, të grirë hollë
- 1-2 speca djegës të kuq, të grira hollë (përshtateni sipas preferencës tuaj të erëzave)
- Lëng nga 1 lime
- Kripë për shije

UDHËZIME:

a) Në një tas, kombinoni mangot jeshile të prera në kubikë, qepën e kuqe të grirë imët dhe specat e kuq djegës.

b) Shtrydhni lëngun e limonit mbi përzierjen dhe kriposeni.

c) Përziejini gjithçka dhe lëreni të marinohet për të paktën 30 minuta.

d) Shërbejeni mangon turshi, të njohur si Toroi, si një erëz të shijshme dhe të shijshme.

71. Chutney Mango Chili Fijian

PËRBËRËSIT:

- 2 mango të pjekura, të qëruara, të prera dhe të prera në kubikë
- 1/2 filxhan sheqer
- 1/4 filxhan uthull
- 2-3 speca djegës të kuq, të grira hollë (përshtateni sipas preferencës tuaj të erëzave)
- 1/2 lugë xhenxhefil, i grirë
- 1/2 lugë karafil të bluar
- Kripë për shije

UDHËZIME:

a) Në një tenxhere, kombinoni mangot, sheqerin, uthullën, specat e kuq djegës, xhenxhefilin, karafilin e bluar dhe pak kripë.

b) Gatuani në zjarr të ulët duke e përzier herë pas here derisa masa të trashet dhe mangot të zbuten.

c) Lëreni chutney-n të ftohet dhe më pas ruajeni në një kavanoz. Kjo chutney pikante mango është e përkryer për të shtuar një goditje të ëmbël dhe pikante në vaktet tuaja.

72. Cilantro Fijian dhe Chutney Lime

PËRBËRËSIT:

- 1 filxhan gjethe të freskëta cilantro, kërcelli i hequr
- Lëng nga 2 lime
- 2 thelpinj hudhre, te grira
- 1-2 speca djegës jeshil, të grirë hollë
- 1/2 lugë çaji pluhur qimnoni
- Kripë për shije

UDHËZIME:

a) Në një përpunues ushqimi, kombinoni cilantro, lëng limoni, hudhër të grirë, speca djegës jeshil të copëtuar, qimnon pluhur dhe kripë.

b) Përziejini derisa të keni një chutney të lëmuar me një aromë të ndritshme dhe të lezetshme.

c) Shërbejeni këtë chutney me cilantro dhe gëlqere si një erëz të shijshme për pjatat e pjekura në skarë ose të skuqura.

73. Salsa me pineapple fixhiane

PËRBËRËSIT:

- 1 filxhan ananas të freskët të prerë në kubikë
- 1/2 qepë të kuqe, të grirë hollë
- 1 spec i kuq zile, i grire holle
- 1-2 speca djegës të kuq, të grira hollë (përshtateni sipas preferencës tuaj të erëzave)
- Lëng nga 1 lime
- Gjethet e freskëta të nenexhikut, të copëtuara
- Kripë dhe piper për shije

UDHËZIME:

a) Në një tas bashkoni ananasin e prerë në kubikë, qepën e kuqe të grirë imët, specin e kuq, specat e kuq djegës dhe gjethet e freskëta të nenexhikut të grira.

b) Shtrydhni lëngun e limonit mbi përzierjen dhe rregulloni me kripë dhe piper.

c) Përziejini gjithçka së bashku dhe lëreni të qëndrojë për disa minuta për të shkrirë shijet.

d) Shërbejeni këtë salsa freskuese me ananas si erëz për mish të pjekur në skarë ose ushqim deti.

ËSHTIRËS

74. Tortë me banane fixhiane

PËRBËRËSIT:

- 2 banane të pjekura të grira
- 1 1/2 filxhan miell që ngrihet vetë ose i thjeshtë
- 1 filxhan sheqer
- 3 vezë
- 4 lugë gjalpë, i shkrirë
- 1 lugë çaji sodë buke
- 1/2 filxhan qumësht
- 1 lugë çaji pluhur pjekje (përdoreni vetëm nëse përdorni miell të thjeshtë)
- 1 lugë çaji ekstrakt vanilje
- 1 lugë çaji arrëmyshk pluhur
- 1 lugë çaji kanellë pluhur
- 1 format e rrumbullakët për kek të lyer me yndyrë

UDHËZIME:

a) Ngrohni furrën në 350 gradë F (175 gradë C).

b) Në një tas të madh, shtoni bananet e pjekura pure, vezët, sheqerin dhe gjalpin e shkrirë. Përziejini butësisht derisa të bëhen me gëzof.

c) Shtoni pluhurin për pjekje (nëse përdorni miell të thjeshtë), ekstraktin e vaniljes, arrëmyshkun pluhur dhe kanellën pluhur. Përziejini gjithçka së bashku.

d) Gradualisht shtoni miellin dhe përzieni plotësisht për t'u siguruar që të mos ketë gunga në përzierje.

e) Pasi masa të jetë përzier siç duhet, lëreni mënjanë dhe lyeni formatin e kekut me pak gjalpë të shkrirë.

f) Masën e kekut e hedhim në tepsinë e lyer me yndyrë.

g) Piqeni për 35-45 minuta ose derisa një kruese dhëmbësh e futur në mes të tortës të dalë e pastër dhe torta të marrë ngjyrë kafe të artë.

h) Hiqeni tortën nga furra dhe lëreni të ftohet në një raft ftohës.
i) Pasi të jetë ftohur, prisni tortën me banane Fijian dhe shërbejeni si një ëmbëlsirë të shijshme. Kënaquni!

75. Tortë me kasava fixhiane

PËRBËRËSIT:

- 2 kg kasava, e qëruar dhe e grirë
- 1 kanaçe (400 ml) qumësht kokosi
- 1 filxhan sheqer të grimcuar
- 1/2 filxhan qumësht të kondensuar
- 1/2 filxhan qumësht të avulluar
- 1/4 filxhan gjalpë, i shkrirë
- 1 lugë çaji ekstrakt vanilje
- Kokos i grirë (opsionale, për sipër)

UDHËZIME:

a) Ngrohni furrën tuaj në 350°F (175°C). Lyeni me yndyrë një enë pjekjeje ose tavë.

b) Në një tas të madh, kombinoni kasavën e grirë, qumështin e kokosit, sheqerin e grimcuar, qumështin e kondensuar, qumështin e avulluar, gjalpin e shkrirë dhe ekstraktin e vaniljes. Përziejini mirë derisa gjithçka të kombinohet në mënyrë të barabartë.

c) Hedhim masën e kasave në enën e lyer me yndyrë dhe e shpërndajmë në mënyrë të barabartë.

d) Nëse dëshironi, sipër përzierjes spërkatni kokosin e grirë.

e) Piqeni në furrën e nxehur më parë për rreth 45-50 minuta ose derisa sipër të marrë ngjyrë kafe të artë dhe qendra të jetë e vendosur.

f) Lëreni tortën me kasavë të ftohet përpara se ta prisni në feta dhe ta shërbeni.

76. Fixhian Raita

PËRBËRËSIT:

- 1 filxhan kos të thjeshtë
- 1 kastravec i qëruar, i prerë me fara dhe i grirë në rende
- 1 lugë gjelle gjethe menteje të freskëta të grira
- 1 lugë gjelle cilantro e freskët e copëtuar
- 1/2 lugë çaji qimnon i bluar
- 1/2 lugë çaji koriandër të bluar
- Kripë dhe piper për shije

UDHËZIME:

a) Në një tas, kombinoni kosin e thjeshtë, kastravecin e grirë, gjethet e nenexhikut të freskët të copëtuara, cilantro të freskët të copëtuar, qimnonin e bluar, koriandër të bluar, kripë dhe piper.

b) Përziejini gjithçka së bashku derisa të kombinohen mirë.

c) Mbulojeni tasin dhe vendoseni në frigorifer për të paktën 30 minuta për të lejuar që shijet të bashkohen.

d) Përpara se ta shërbeni, jepini Raitës Fijian një trazim të fundit dhe shijoni për erëza. Rregullojeni me më shumë kripë ose piper nëse është e nevojshme.

e) Shërbejeni Raitën Fixhiane si një pjatë anësore freskuese ose shoqëruese për kerri ose mish të pjekur në skarë.

77. Plantains Fijian të gatuar në kokos

PËRBËRËSIT:
- 4 delli të pjekura, të qëruara dhe të prera në feta
- 1 filxhan qumësht kokosi
- 2 lugë sheqer të grimcuar (opsionale, rregullojeni sipas shijes)
- Një majë kripë
- 1 lugë gjelle vaj vegjetal
- Kokosi i grirë (opsionale, për zbukurim)

UDHËZIME:
a) Në një tigan të madh, ngrohni vajin vegjetal mbi nxehtësinë mesatare.
b) Shtoni gjethet e delli të prera në tigan dhe gatuajini për disa minuta nga secila anë derisa të skuqen lehtë dhe të karamelizohen.
c) Hidhni qumështin e kokosit dhe shtoni sheqerin e grirë (nëse përdorni) dhe pak kripë.
d) Lërini delli të ziejnë në qumështin e kokosit për rreth 5-10 minuta ose derisa të bëhen të buta dhe të buta.
e) Opsionale: Zbukuroni me arrë kokosi të grirë për teksturë të shtuar dhe aromë kokosi.
f) Shërbejini Plantains Fijian të gatuar në kokos si një pjatë anësore ose ëmbëlsirë të shijshme.

78. Byrek me ananasin fixhian

PËRBËRËSIT:
- 1 kore byreku (e përgatitur paraprakisht ose shtëpi)
- 1 filxhan ananas të freskët, të copëtuar
- 1/2 filxhan sheqer
- 2 lugë gjelle miell për të gjitha përdorimet
- 2 vezë, të rrahura
- 1/4 filxhan gjalpë, i shkrirë
- 1/2 lugë ekstrakt vanilje

UDHËZIME:
a) Ngrohni furrën tuaj në 350°F (180°C).
b) Vendosni koren e byrekut në një enë byreku.
c) Në një tas, kombinoni ananasin e copëtuar, sheqerin, miellin, vezët e rrahura, gjalpin e shkrirë dhe ekstraktin e vaniljes.
d) E përziejmë mirë dhe masën e hedhim në koren e byrekut.
e) Piqeni për rreth 30-40 minuta, ose derisa byreku të jetë vendosur dhe sipër të marrë ngjyrë të artë.
f) Lëreni të ftohet përpara se ta shërbeni këtë byrek të shijshëm me ananasin fixhian.

79. Byrek me krem në stilin Fixhi me mbushje

PËRBËRËSIT:
- 125 g gjalpë të zbutur
- 1 ½ filxhan miell që rritet vetë
- 2 vezë
- ½ lugë çaji vanilje
- 1 filxhan Sheqer
- Krem pluhur
- 2 gota qumësht
- Ngjyrosje e verdhë ushqimore (opsionale)

PALËSIMET (OPSIONALE)
- Qumësht i kondensuar / Krem pana
- Kikirikë të grimcuar
- Fruta të prera në feta

UDHËZIME:
a) Kremi ½ filxhan sheqer dhe gjalpë, shtoni vezët dhe vaniljen dhe përzieni

b) Më pas shtoni miellin dhe përzieni butësisht në një brumë

c) Lyejmë me gjalpë një enë të vogël pjekjeje, tepsi alumini ose ramekin dhe e lyejmë brumin në tepsi. Përhapeni brumin në anët dhe shpërndajeni në mënyrë të barabartë

d) Bëni vrima të vogla me pirun në brumë dhe piqeni derisa të marrë ngjyrë të artë dhe të piqet në furrë në 180-200 gradë (duhet të zgjasë afërsisht 20-25 minuta)

e) Ndërsa pasta është duke u pjekur, përgatisni mbushjen e kremës duke ndjekur udhëzimet në pako për të bërë të paktën 2 gota krem me qumësht dhe sheqer të mbetur - shtoni ngjyrën e verdhë ushqimore nëse dëshironi dhe lëreni të ftohet.

f) Pasi pasta të jetë gati, ftoheni dhe më pas hidhni kremin sipër

g) Sipër shtoni krem pana, qumësht të kondensuar, kikirikë ose fruta të prera në feta (pjeshkë ose mango shkojnë shumë me të)

h) Lëreni në frigorifer gjatë natës dhe shërbejeni të ftohur.

80. Puding me tapiokë me banane fixhiane

PËRBËRËSIT:

- 1/2 filxhan tapiokë me perla të vogël
- 3 gota qumësht kokosi
- 1/2 filxhan sheqer
- 4 banane të pjekura, të grira
- 1/2 lugë ekstrakt vanilje
- Një majë kripë

UDHËZIME:

a) Zhyteni tapiokën në ujë për rreth 30 minuta, më pas kullojeni.
b) Në një tenxhere bashkojmë tapiokën e kulluar, qumështin e kokosit, sheqerin dhe pak kripë.
c) Gatuani në zjarr të ulët, duke e përzier shpesh, derisa masa të trashet.
d) Hiqeni nga zjarri dhe përzieni bananet e grira dhe ekstraktin e vaniljes.
e) Lëreni pudingun të ftohet përpara se ta shërbeni. Mund të shijohet i ngrohtë ose i ftohtë.

81. Ananasi Fixhian dhe kokosi i vogël

PËRBËRËSIT:

- 1 pandispanje e madhe ose paund, e prerë në kubikë
- 1 filxhan ananas të freskët, të prerë në kubikë
- 1 filxhan krem kokosi
- 1 filxhan krem të rëndë, të rrahur
- 1/2 filxhan sheqer
- 1/2 filxhan thekon kokosi të thekur
- Gjethet e freskëta të nenexhikut për zbukurim

UDHËZIME:

a) Në një pjatë të vogël ose në një tas qelqi për servirje, shtroni tortën e prerë në kubikë, ananasin e prerë në kubikë dhe thekonet e thekura të kokosit.

b) Hidhni kremin e kokosit mbi shtresat.

c) Përsëritni shtresat derisa të mbushet ena.

d) Hidhni sipër krem pana dhe sheqer.

e) Dekoroni me gjethe të freskëta nenexhiku.

f) Ftoheni gjellën për të paktën një orë përpara se ta shërbeni.

82. Tortë fixhiane me kokos (Tavola)

PËRBËRËSIT:

- 1 kore byreku të përgatitur paraprakisht
- 2 gota kokos të sapo grirë
- 1 filxhan sheqer
- 1/4 filxhan gjalpë, i shkrirë
- 2 vezë, të rrahura
- 1/2 lugë ekstrakt vanilje

UDHËZIME:

a) Ngrohni furrën tuaj në 350°F (180°C).
b) Vendosni koren e byrekut në një enë byreku.
c) Në një tas, kombinoni kokosin e grirë, sheqerin, gjalpin e shkrirë, vezët e rrahura dhe ekstraktin e vaniljes.
d) E përziejmë mirë dhe masën e hedhim në koren e byrekut.
e) Piqeni për rreth 30-40 minuta, ose derisa tarta të jetë e vendosur dhe sipër të marrë ngjyrë të artë.
f) Lëreni të ftohet përpara se ta prisni në feta dhe ta servirni këtë tortë fixhiane kokosi.

83. Puding me banane dhe kokos nga Fixhia

PËRBËRËSIT:

- 4 banane të pjekura, të grira
- 1/2 filxhan kokos të grirë
- 1/2 filxhan sheqer
- 1/2 filxhan miell për të gjitha përdorimet
- 1/2 lugë pluhur pjekjeje
- 1/4 filxhan gjalpë, i shkrirë
- 1/2 filxhan qumësht

UDHËZIME:

a) Ngrohni furrën tuaj në 350°F (180°C).

b) Në një tas, kombinoni bananet e grira, kokosin e grirë, sheqerin, miellin dhe pluhurin për pjekje.

c) Përzieni gjalpin e shkrirë dhe qumështin për të formuar një brumë të butë.

d) Derdhni brumin në një enë pjekjeje të lyer me yndyrë dhe piqeni për rreth 30-40 minuta, ose derisa sipër të marrë ngjyrë të artë dhe një kruese dhëmbësh të dalë e pastër.

e) Lëreni të ftohet përpara se ta shërbeni këtë puding ngushëllues me banane fixhiane dhe kokos.

84. Topat e taros dhe kokosit fijian (Kokoda Maravu)

PËRBËRËSIT:

- 2 gota taro, të ziera dhe të grira
- 1 filxhan kokos të grirë
- 1/2 filxhan sheqer
- 1/4 filxhan miell
- 1/2 lugë ekstrakt vanilje

UDHËZIME:

a) Në një tas, kombinoni taron e grirë, kokosin e grirë, sheqerin, miellin dhe ekstraktin e vaniljes.

b) Përziejini mirë për të formuar një brumë.

c) Masën e formoni në toptha të vegjël dhe i vendosni në një tepsi.

d) Ftoheni topat e taros dhe kokosit në frigorifer për rreth një orë përpara se t'i shërbeni.

85. Bukë me ananas dhe banane fixhiane

PËRBËRËSIT:

- 1 1/2 filxhan miell për të gjitha përdorimet
- 1 lugë pluhur pjekjeje
- 1/2 lugë çaji sodë buke
- 1/2 filxhan sheqer
- 2 banane të pjekura, të grira
- 1/2 filxhan ananasi i grimcuar, i kulluar
- 1/4 filxhan vaj vegjetal
- 2 vezë
- 1/2 lugë ekstrakt vanilje

UDHËZIME:

a) Ngrohni furrën tuaj në 350°F (180°C) dhe lyeni me yndyrë një tepsi.

b) Në një tas bashkojmë miellin, pluhurin për pjekje, sodën dhe sheqerin.

c) Në një enë tjetër, përzieni bananet e grira, ananasin e grimcuar, vajin vegjetal, vezët dhe ekstraktin e vaniljes.

d) Bashkoni përbërësit e lagësht dhe të thatë dhe derdhni brumin në tavën e lyer me yndyrë.

e) Piqni për rreth 45-50 minuta, ose derisa një kruese dhëmbësh të dalë e pastër.

f) Lëreni bukën e ananasit dhe bananes të ftohet përpara se ta prisni në feta dhe ta servirni.

PIJE

86. Pije me rrënjë Fijian Kava

PËRBËRËSIT:
- Pluhur rrënjë kava ose rrënjë kava e grimcuar
- Uji

UDHËZIME:
a) Në një tas të madh ose "tanoa" (tas tradicional i kavasë), vendosni sasinë e dëshiruar të pluhurit të rrënjës së kavas ose rrënjës së grimcuar të kavasë.

b) Shtoni ujë në enë dhe gatuajeni ose përzieni rrënjën e kavas tërësisht.

c) Vazhdoni të gatuani ose përzieni përzierjen derisa lëngu të bëhet me baltë dhe ekstraktet e kavas të përzihen në ujë.

d) Hidheni pijen kava përmes një sitë ose leckë për të hequr çdo grimcë të ngurtë, duke lënë vetëm lëngun e injektuar me kava.

e) Shërbejeni pijen me rrënjë Fijian Kava në gota të vogla të përbashkëta të quajtura "bilo" ose "taki" për ta ndarë me miqtë dhe të ftuarit.

f) Shënim: Pija me rrënjë Kava është një pije tradicionale fixhiane që është konsumuar me shekuj në tubime sociale dhe kulturore. Është thelbësore të pini kava me përgjegjësi dhe të jeni të vetëdijshëm për çdo ndërveprim të mundshëm me medikamente ose gjendje shëndetësore.

87. Smoothie me banane fixhiane

PËRBËRËSIT:

- 2 banane të pjekura
- 1/2 filxhan kos
- 1/2 filxhan qumësht kokosi
- 2 lugë mjaltë (përshtatet sipas shijes)
- Kube akulli (opsionale)

UDHËZIME:

a) Në një blender, kombinoni bananet e pjekura, kosin, qumështin e kokosit dhe mjaltin.
b) Shtoni kube akulli nëse dëshironi një smoothie më të ftohtë.
c) Përziejini derisa të jenë të lëmuara dhe kremoze.
d) Hidheni në gota dhe shijoni smoothie-n tuaj me banane fixhiane.

88. Grushti i ananasit fixhian

PËRBËRËSIT:
- 2 gota lëng ananasi të freskët
- 1/2 filxhan lëng portokalli
- 1/4 filxhan lëng limoni
- 1/4 filxhan sheqer
- 2 gota ujë të gazuar
- Feta ananasi dhe gëlqereje për zbukurim

UDHËZIME:
a) Në një tenxhere, kombinoni lëngun e freskët të ananasit, lëngun e portokallit, lëngun e limonit dhe sheqerin. I trazojmë derisa të tretet sheqeri.

b) Shtoni ujë të gazuar dhe përzieni butësisht.

c) Shërbejeni grurin e ananasit fixhian në gota të mbushura me akull dhe zbukurojeni me feta ananasi dhe gëlqere.

89. Koktej Fijian kokosi dhe rumi

PËRBËRËSIT:

- 2 oz rum të bardhë
- 1 oz krem kokosi
- 3 oz lëng ananasi
- Akull i grimcuar
- Fetë ananasi dhe qershi maraschino për zbukurim

UDHËZIME:

a) Në një shaker, kombinoni rumin e bardhë, kremin e kokosit dhe lëngun e ananasit.
b) Tundeni mirë me akull derisa të ftohet.
c) Kullojeni koktejin në një gotë të mbushur me akull të grimcuar.
d) Dekoroni me një fetë ananasi dhe një qershi maraschino.

90. Birra me xhenxhefil Fijian

PËRBËRËSIT:
- 1 filxhan xhenxhefil të freskët, të qëruar dhe të prerë në feta
- 2 gota sheqer
- 2 gota ujë
- Lëng nga 2 limona
- Ujë të gazuar

UDHËZIME:
a) Në një tenxhere, kombinoni xhenxhefilin e freskët, sheqerin dhe ujin. Lëreni të vlojë dhe ziejini për rreth 15-20 minuta.

b) Lëreni përzierjen e xhenxhefilit të ftohet dhe kullojeni për të hequr copat e xhenxhefilit.

c) Përzieni në lëngun e limonit.

d) Për ta servirur, mbushni një gotë me akull, shtoni një pjesë të shurupit të xhenxhefilit dhe mbushni me ujë të gazuar. Rregulloni forcën sipas dëshirës tuaj.

91. Fijian Papaya Lassi

PËRBËRËSIT:

- 1 papaja e pjekur, e qëruar, e prerë me fara dhe e prerë në kubikë
- 1 filxhan kos
- 1/2 filxhan qumësht kokosi
- 2-3 lugë mjaltë (përshtatet sipas shijes)
- Kube akulli (opsionale)

UDHËZIME:

a) Në një blender, kombinoni papaja e pjekur, kosin, qumështin e kokosit dhe mjaltin.
b) Shtoni kube akulli nëse dëshironi një pije më të ftohtë.
c) Përziejini derisa të jenë të lëmuara dhe kremoze.
d) Hidheni në gota dhe shijoni papaja lassin tuaj freskues fijian.

92. Punch Rum Fijian

PËRBËRËSIT:
- 2 oz rum të errët
- 2 oz lëng ananasi
- 2 oz lëng portokalli
- 1 oz lëng gëlqereje
- 1 oz shurup grenadine
- Feta ananasi dhe portokalli për zbukurim

UDHËZIME:
a) Në një shaker, kombinoni rumin e errët, lëngun e ananasit, lëngun e portokallit, lëngun e limonit dhe shurupin e grenadinës.
b) Tundeni mirë me akull derisa të ftohet.
c) Kullojeni grushtin në një gotë të mbushur me akull.
d) Zbukuroni me feta ananasi dhe portokalli për një prekje tropikale.

93. Smoothie fijian ananasi dhe kokosi

PËRBËRËSIT:

- 1 filxhan copa ananasi të freskët
- 1/2 filxhan qumësht kokosi
- 1/2 filxhan kos
- 2-3 lugë mjaltë (përshtatet sipas shijes)
- Kube akulli (opsionale)

UDHËZIME:

a) Në një blender, kombinoni copat e freskëta të ananasit, qumështin e kokosit, kosin dhe mjaltin.

b) Shtoni kube akulli nëse dëshironi një smoothie më të ftohtë.

c) Përziejini derisa të jenë të lëmuara dhe kremoze.

d) Hidheni në gota dhe shijoni smoothie-n tuaj tropikal me ananasin fixhian dhe kokosin.

94. Fixhian Mango Lassi

PËRBËRËSIT:

- 1 mango e pjekur, e qëruar, e prerë dhe e prerë në kubikë
- 1 filxhan kos
- 1/2 filxhan qumësht
- 2-3 lugë mjaltë (përshtatet sipas shijes)
- Kube akulli (opsionale)

UDHËZIME:

a) Në një blender, kombinoni mangon e pjekur, kosin, qumështin dhe mjaltin.
b) Shtoni kube akulli nëse dëshironi një pije më të ftohtë.
c) Përziejini derisa të jenë të lëmuara dhe kremoze.
d) Hidheni në gota dhe shijoni këtë mango lassi të lezetshme fixhiane.

95. Mojito me kokos fixhiane

PËRBËRËSIT:
- 2 oz rum të bardhë
- 2 oz krem kokosi
- Lëng nga 1 lime
- 6-8 gjethe nenexhiku të freskët
- 1 lugë sheqer
- Sode klubi

UDHËZIME:
a) Në një gotë, përzieni gjethet e freskëta të nenexhikut dhe sheqerin për të çliruar aromën e mentes.

b) Shtoni rumin e bardhë, kremin e kokosit dhe lëngun e limonit.

c) Mbushni gotën me akull dhe mbusheni me sodë.

d) Përziejini butësisht dhe zbukurojeni me një degë nenexhiku dhe një fetë gëlqereje.

96. Çaji i Xhenxhefilit dhe Limonit Fixhian

PËRBËRËSIT:

- 2-3 feta xhenxhefil të freskët
- 2-3 kërcell limoni, të prera në copa
- 2 gota ujë
- Mjaltë ose sheqer për shije

UDHËZIME:

a) Në një tenxhere, vendosni ujin të vlojë dhe shtoni xhenxhefilin dhe limonin.

b) Ziejini për rreth 10-15 minuta për të mbushur shijet.

c) Hiqeni nga zjarri dhe ëmbëlsoni me mjaltë ose sheqer sipas shijes.

d) Kullojeni çajin dhe shërbejeni të nxehtë. Ky është një çaj bimor qetësues dhe aromatik fixhian.

97. Ftohës Fijian Tamarind

PËRBËRËSIT:

- 1 filxhan tul tamarindi
- 4 gota ujë
- 1/4 filxhan sheqer (rregulloni sipas shijes)
- Kube akulli

UDHËZIME:

a) Në një tenxhere, kombinoni tulin e tamarindës, ujin dhe sheqerin. I trazojmë derisa të tretet sheqeri.

b) Shtoni kube akulli për të ftohur pijen.

c) Shërbejeni ftohësin e tamarindës fixhiane për një pije freskuese të ëmbël dhe të shijshme.

98. Fijian Kava Colada

PËRBËRËSIT:
- 2 oz ekstrakt rrënjë kava (përgatitur sipas metodës tradicionale Fixhiane)
- 2 oz krem kokosi
- 2 oz lëng ananasi
- 1 oz rum i bardhë
- Akull i grimcuar
- Pykë ananasi dhe qershi maraschino për zbukurim

UDHËZIME:
a) Përgatitni ekstraktin e rrënjës së kavas sipas metodës tradicionale fixhiane.
b) Në një shaker, kombinoni ekstraktin e rrënjës së kavas, kremin e kokosit, lëngun e ananasit dhe rumin e bardhë.
c) Tundeni mirë me akull derisa të ftohet.
d) Kullojeni koktejin në një gotë të mbushur me akull të grimcuar.
e) Zbukuroni me një pykë ananasi dhe një qershi maraschino.

99. Ftohës fijian për shalqi dhe nenexhik

PËRBËRËSIT:
- 4 gota shalqi të prerë në kubikë
- Lëng nga 2 lime
- 1/4 filxhan gjethe nenexhiku të freskët
- 2-3 lugë mjaltë (përshtatet sipas shijes)
- Kube akulli

UDHËZIME:
a) Në një blender, kombinoni shalqirin e prerë në kubikë, lëngun e limonit, gjethet e freskëta të nenexhikut dhe mjaltin.
b) Shtoni kube akulli për të ftohur pijen.
c) Përziejini derisa të jetë e qetë dhe freskuese.
d) Shërbejeni ftohësin fijian të shalqinit dhe nenexhikut për një përvojë rigjallëruese.

100. Koktej pasion Fijian

PËRBËRËSIT:

- 6 ons lëng frutash pasioni
- 2 ons lëng ananasi
- 6 ons rum të errët (preferohet rumi Fixhian)
- 6 ons trefishtë sekondë
- akull i grimcuar
- fruta të freskëta (për zbukurim)

UDHËZIME:

a) Kombinoni lëngjet, rumin dhe Triple Sec.
b) Mbushni blenderin me akull të grimcuar.
c) Përziejini derisa të bëhet i lëngshëm.
d) Shërbejeni në gota margarita, të zbukuruara me fruta.

PËRFUNDIM

Ndërsa përfundojmë udhëtimin tonë të kuzhinës përmes "Shijet e fundit tropikale të Fixhit", shpresojmë që jo vetëm të keni eksploruar shkrirjen unike të shijeve që përcaktojnë gatimin fixhian, por gjithashtu jeni frymëzuar për të sjellë një shije të Fixhit në kuzhinën tuaj.

Kuzhina fixhiane, me theksin e saj në përbërësit e freskët, vendas dhe diversitetin kulturor, ofron një gamë të këndshme pjatash që mund të shijohen dhe të ndahen me miqtë dhe familjen. Ngrohtësia e mikpritjes fixhiane dhe parajsa tropikale që shërben si sfond për këto shije, tani mund të jenë pjesë e repertorit tuaj të kuzhinës.

Ne ju inkurajojmë të vazhdoni eksplorimin tuaj të gatimit fixhian, duke përshtatur dhe krijuar pjata që pasqyrojnë shijet dhe përvojat tuaja. Nëse jeni duke rikrijuar festa tradicionale fixhiane ose duke vënë në lëvizje pjatat e frymëzuara nga Fixhia, udhëtimi juaj i kuzhinës qoftë i mbushur me gëzim, shije dhe pak prekje parajse. Vinaka vakalevu (faleminderit shumë), dhe ja ku keni shumë ushqime të tjera të shijshme të frymëzuara nga shkrirja unike e shijeve fixhiane.

www.ingramcontent.com/pod-product-compliance
Lightning Source LLC
Chambersburg PA
CBHW071310110526
44591CB00010B/852